日本史史料研究会ブックス

新徴組《しんちょうぐみ》の真実にせまる

最後の組士が証言する清河八郎・浪士組・新選組・新徴組

千葉弥一郎＝［原著］
西脇　康＝［編著］
Nishiwaki Yasushi

JN129058

図書出版
文学通信

《口　絵》

䴇木坂新徴組屋敷絵図、新徴組役所見取図（『新徴組御用私記』附録）は、編者が一定の解釈のもとで翻刻したものであるが、基本的には史料原本と大差ない。いずれも鶴岡市郷土資料館所蔵である。

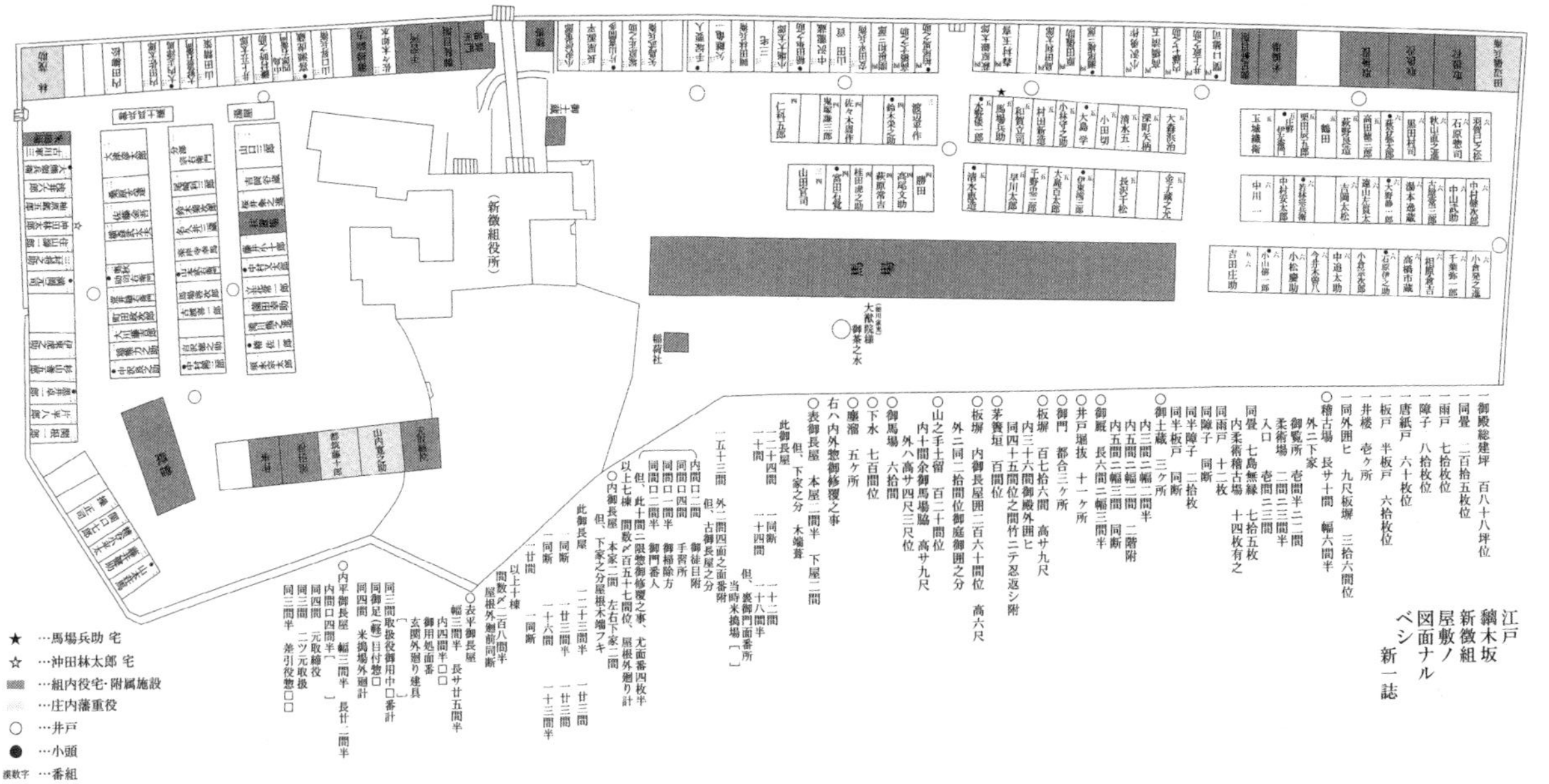
江戸鶉木坂新徴組屋敷ノ図面ナルベシ　新一誌
一御殿総建坪　百八十八坪位
一同畳　二百拾五枚位
一雨戸　七拾枚位
一障子　八拾枚位
一唐紙戸　六十枚位
一板戸　半板戸　六拾枚位
一井楼　壱ヶ所
一同外囲ヒ　九尺板塀　三拾六間位
○稽古場　長サ十間　幅六間半
外ニ下家
御覧所　壱間半ニ二間
柔術場　二間ニ三間半
入口　壱間ニ三間
同畳　七島無縁　七拾五枚
内柔術稽古場　十四枚有之
同雨戸　十二枚
同障子　同断
同半障子　二拾枚
同半板戸　同断
○御土蔵　三ヶ所
内三間ニ幅二間半
内五間ニ幅二間　二階附
内五間ニ幅三間　同断
○御厩　長六間ニ幅三間半
○井戸堀抜　十一ヶ所
○御門　都合三ヶ所
○板塀　百七拾六間　高サ九尺
内三十六間御殿外囲ヒ
同四十五間位之間竹ニテ忍返シ附
○茅簀垣　百間位
○板塀　内御長屋囲ニ百六十間位　高六尺
外ニ同ニ拾間位御庭御囲之分
○山之手土留　百二十間位
内十間余御馬場脇　高サ九尺
外ハ高サ四尺三尺位
○御馬場　六拾間
○下水　七百間位
○溜　五ヶ所
右ハ内外惣御修覆之事
○表御長屋　本屋二間半　下屋二間
但、下家之分　木端葺
此御長屋
一二十四間　一同断
一十間　一十四間
但、裏御門面番所
当時米搗場　[　]
一十二間
一十八間半
一五十三間　外二間四面之面番附
但、古御長屋之分
内間口二間　御徒目附
同間口四間　手習所
同間口一間半　御掃除方
同間口二間半　御門番人
以上七棟　但、此十間ニ限惣御修覆之事、尤面番四枚半
間数〆百五十七間位、屋根外廻り計
○内御長屋　本家二間　左右下家二間
但、下家之分屋根木端フキ
此御長屋
一同断　一二十三間半　一廿三間
一同断　一廿三間半　一廿三間
一廿間　一十六間　一十三間半
一同断
以上十棟
間数〆二百八間半
屋根外廻前同断
○表平御長屋
幅三間半　長サ廿五間半
内四間半□□
御用処面番
玄関外廻り建具
[　]
同三間取扱役御用中□番計
同御足(軽)目付惣□
同四間　米搗場外廻計
○内平御長屋　幅三間半　長廿二間半
内間口四間半[　]
同四間　元取締役
同三間　二ツ元取扱
同三間半　差引役惣□□
新徴組役所
馬場
稲荷社
★…馬場兵助 宅
☆…沖田林太郎 宅
…組内役宅・附属施設
…庄内藩重役
○…井戸
●…小頭
漢数字…番組

鶉木坂新徴組屋敷絵図

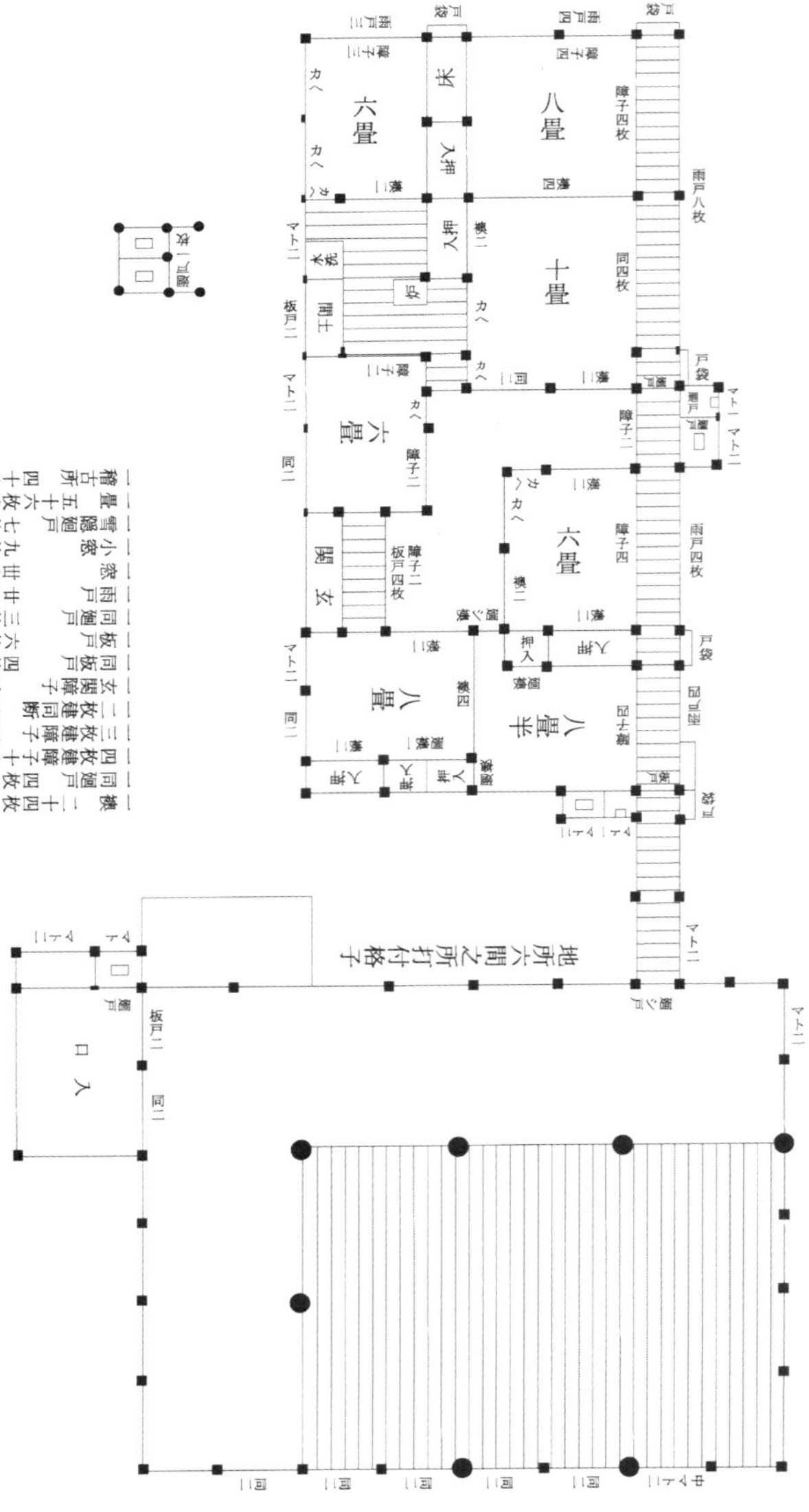

一 稽古所 四十八枚
一 畳 五十六枚半
一 雪隠廻戸 七枚
一 小窓 九枚
一 窓 丗六枚
一 雨戸 廿三枚
一 同廻戸 三枚
一 板戸 六枚
一 同板戸 四枚
一 玄関障子 弐枚
一 二枚建同断 六枚
一 三枚建障子 三枚
一 四枚建障子 十六枚
一 同廻戸 四枚
一 襖 二十四枚

新徴組役所見取図

目　次

目　次

はじめに

幕末の剣客集団、新徴組と新選組。

本書が主として扱うのは新徴組であり、けっして「選」や「撰」の誤字・誤植ではない。

幕末、万延元年（一八六〇）桜田門外の変、文久二年（一八六二）坂下門外の変。幕府の衰退は誰の目にも明らかとなった。公武合体政策も、攘夷決行をためらう幕府の弱腰《よわごし》によって軌道に乗らなかった。

勇気づけられたのは京都・江戸とその周辺で活動していた、さまざまの思惑《おもわく》を抱いた草莽《そうもう》の志士たちであった。このような政治情勢のなか、清河八郎（庄内藩郷士息）は逃亡中でありながら、知己《ちき》を通じて「尽忠報国」の志士登用を松平春嶽《しゅんがく》・山内容堂《ようどう》、そして幕閣へ強く働きかけた。幕府は、未組織の志士の受け皿として有効活用するためにも、清河の提案を受け入れ、文久三年（一八六三）江戸で浪士組が募集・結成された。山岡鉄舟など江戸の幕府尊攘派の奔走が、実を結んだのであった。

浪士組の初任務は京都での将軍家茂警固《いえもちけいご》とされ、即刻上洛が命ぜられた。しかし、生麦《なまむぎ》事件・薩英戦争を経た幕府とイギリスとの講話交渉が決裂し、横浜で戦端の危険が高まると、幕府は一転して浪士組を江戸へ帰府させる指示を出した。

それを受け入れるかをめぐって、浪士組が京都で分裂した。こうして時を同じくして、圧倒的多数で江戸に引き揚げ誕生したのが新徴組。ごく少数が異を唱え京都に残留して誕生したのが新選組であった。いわば新徴組こそが本派・本家であり、新選組はその分派・分家にすぎなかったが、両者はしばしば混同されていたことが、当時の史料からも読みとれる。

では、その著名な新選組の研究はしっかり深化されてきたかといえば、実ははなはだ心許ない。これまで職業研究者が真正面から取り組んでこなかったことが最大の原因である。史実に基づかない「勝ち組」史観に立った「実録」風研究だけがまかり通ってきた。それ以前に、小説や映画・ドラマ・アニメなどの創作物がまたたくまに発表・流布された。それらの影響力は絶大であり、あたかも史実のごとく一般的には信じ込まれ、現在も誤認されつづけている。

にもかかわらず、現在の高校日本史教科書では浪士組の誕生に脈絡のある説明もなく、唐突に登場させられる新選組。教育現場は混乱していないだろうか。新選組・近藤勇・土方歳三は本文ではなく、註記の説明として採用されるが、大学受験生にとっては暗記しなくてはならない重要単語なのである。いまだ、清河八郎・浪士組そして新徴組は教科書に掲載された実績はない（宮地正人・深谷克己・酒井右二・千葉真由美および西脇康「シンポジウム　浪士組、新選組、新徴組は教科書に載っているか?」〈日野市立新選組のふるさと歴史館製作『同館叢書』第一一輯、二〇一四年日野市発行、九七〜一一四頁〉）。

なかには、新選組じたいが仮想世界の創作物だと受け取っている向きもある。これらの今日的現象には、実証研究の積み重ねのないことが背景にあり、日本近世史の一研究者として、さらには日野市立新選組のふるさと歴史館の運営と展示に従事する職業研究者として、その責任をずっと痛感してきた。

たしかに、NHK大河ドラマで「新選組！」が放映された二〇〇四年前後に、はじめて松浦怜氏『新選組』（岩波新書）、宮地正人氏『歴史のなかの新選組』（岩波書店）、大石学氏『新選組』（中公新書）などの実証研究が一般書として続刊されたが、はたしてどこまで創作と史実との境界が一般に認識されたかはわからない。

が、新選組と違って、新徴組の正規組士にこれまでヒーローが仕立てられなかったことが幸いし、いまだ新徴組は虚説が先行して蔓延するに至ってない。手を打つならば、時を逃してはならない。

本書の編集動機は、いわば創作だけが先行して「ゆがめられた新選組」の轍《てつ》を踏まないよう、きちんと史実に即した新徴組像を描くため、まずたたき台にしたい新徴組士自身の証言録（本人は一度も「証言」と書いていないが、文脈の意気込みはそう受け取れる）を、できるだけ迅速かつ平易に一般読者へ向けて発信・紹介しておきたいことにある。

不確かな伝承を除けば、史料から新徴組の実像にせまるしかない。宮地正人氏の監修のもと、日野市立新選組のふるさと歴史館では、浪士組・新選組・新徴組に関する史料集（テキスト史料）づくりを模索し、これまで『日野市立新選組のふるさと歴史館叢書』では特別・企画展報告だけでなく、関連する史料の発掘・翻刻・紹介の作業を並行させて実施し、それらを蓄積しながら定期的に公刊してきた。ところが、史料では制度的な変遷は復原できても、新徴組士個人や新徴組全体としての具体的活動については、一部の大事件を除けば期待したほど豊富な記載がみられず、その難点を克服することはできないでいる。

それを補足ないしカバーしてくれる有力な歴史的証言の一つとして、最後の新徴組士千葉弥一郎の証言録が残されているのである。

本書で紹介する証言録の原著者は、江戸における乱心幕臣斬り・組士切腹事件の当事者であった千葉雄太郎の弟であり、慶応二年（一八六六）三月兄に代わって新徴組の組士に新規に召し抱えられた。当時十九歳の青年であった。

なお、組士は現在「隊士」の呼称で表現される場合が多く、それもけっして間違いではないが（千葉も頻度は少ないが「隊士」を使用）、当時の庄内藩公法史料でも、千葉の証言録でもほぼ

「組士」と表現されているため、本書の表題ではそれを採用することとした。

弥一郎は嘉永元年（一八四八）に生まれ、昭和十年（一九三五年）四月二十八日まで生存した。享年は八十八歳であった。号は鶴鳴《かくめい》。新徴組士として江戸での巡邏《じゅんら》を経て庄内入りし、戊辰戦争にも従軍した。同僚に沖田総司の兄沖田林太郎とその子芳次郎がいた。

明治三年（一八七〇年）佐竹義尭《よしたか》（秋田藩主）の推薦で前藩主に随行して鹿児島藩に留学し、同四年廃藩を迎えた。同五年松ケ岡開墾に参加したが、藩中枢の指揮下のもと新徴組の粛正に深くかかわったため、同七年禁錮九十日の刑に処せられた。

小山《おやまつ》松勝一郎氏によれば、禁錮がとけたのちは「新徴組の十七、八歳の青年十二、三人を伴い酒田町内の巡回取締りをした。後に警察官（邏卒）となった」（同氏『新徴組』一九七六年国書刊行会発行、二二九頁）という。さらに、山形県警部を経て実業界に転身したと伝えられ、晩年は東京に居住した。

弥一郎は庄内にも根づくことなく、異境の地でつねに警戒を怠れない立場にあったと想像され、最後の居所として選択したのは東京であった。明治・大正・昭和初期の弥一郎の生き様については、必ずしもはっきりしない。

伝聞であるが、千葉は「幕末史の語り部」の一人と称され、小説家からは幕末史の貴重な取材源として重宝された。また、大正期に活動が本格化した鶴岡の荘内史編纂会の求めに応じて、口述筆記や著作活動にも積極的に協力したという。

著作には本書に収録した、いずれも昭和三年（一九二八）前後の成立と比定される『新徴組と荘内藩』・『新徴組人名移動詳細』・『新徴組と荘内藩雑話』・『新徴組史料』のほか、口述稿本「新徴組」（一九二四年十二月十日脱稿）、「新徴組唯一の残存者」と冠せられた「我が新徴組の薩摩屋敷焼打」（雑誌『キング』一九三〇五月一日号）、稿本『新徴組と新撰組』、稿本『維新前後荘内物語』、『廃藩置県前後の荘内秘話』（〈荘内叢書第三輯〉一九三二年荘内史料研究会発行）など多数あり、いずれもその写本は鶴岡市立郷土資料館に所蔵される。

余談であるが、藩主家の江戸の菩提寺であった浄土宗増上寺の子院清光寺に埋葬された兄雄太郎と、旗本斬りに関係した二人の組士の墓は、昭和六年（一八三一）弥一郎によってすべて多摩墓地に改葬され、みずからもそこへ眠る。ただし、近年になって古い墓群はすべて整理され、現在は往時の墓碑を見ることができない。

本書で紹介する千葉弥一郎の証言録の原題は『新徴組と荘内藩』・『新徴組人名移動詳細』・『新徴組と荘内藩雑話』・『新徴組史料』であるが、冒頭には清河八郎についての充実した記載があり、新選組の記載も豊富であるため、本書では清河八郎の発起、浪士組以降の時系列名称を併記して改題することとした。

本文の翻刻と校訂は、すでに拙稿「新徴組士千葉弥一郎未刊著作集」（日野市立新選組のふるさと歴史館製作『巡回特別展　新徴組─江戸から庄内へ、剣客集団の軌跡─』〈同館叢書第一〇輯、二〇一二年日野市発行、一一〇～一四七頁〉として公刊された。原本や翻刻の詳細については、同書を批判的にご参照いただきたい。

本書は基本的には、「新徴組士千葉弥一郎未刊著作集」の翻刻文を敷衍《ふえん》したものである。しかし、できるだけ平易なかたちで読んでいただこうと、例言の通り現代文に近い表記とするため、大幅な加工を施した。目次や見出しをつくり、ルビを新たにふった。研究利用なさる方は、原本に直接あたられたり、拙稿をご参照いただきたい。

翻刻等のミスはありがちであり、加工の是非についても異論があろうかと思われる。読者諸賢からの忌憚のないご叱正を切に願うばかりである。

巻末に、現在までに判明した浪士組・新徴組士一覧を付した。

例言

一、本書は拙稿「新徴組士千葉弥一郎未刊著作集」(日野市立新選組のふるさと歴史館製作『巡回特別展　新徴組―江戸から庄内へ、剣客集団の軌跡―』〈同館叢書第一〇輯、二〇一二年日野市発行、一一〇〜一四七頁〉)の翻刻文を敷衍《ふえん》して現代文風に表記を改めたものである。

一、念のため、本書各章に対応する稿本の原題を次に掲げておきたい。

第一章　清河八郎と新徴組…「千葉弥一郎著　新徴組と荘内藩　第一輯ノ一」

第二章　新徴組と荘内藩…「千葉弥一郎著　新徴組と荘内藩　第二輯」

第三章　新徴組人名移動詳細…「千葉弥一郎著　新徴組と荘内藩　附新徴組人名移動詳細」

第四章　新徴組と荘内藩雑話…「千葉弥一郎著　新徴組と荘内藩雑話」

第五章　新徴組人名録に属する断片記事…「千葉弥一郎著　新徴組と荘内藩雑話」

第六章　新徴組史料…「千葉弥一郎著　新徴組史料」

一、原著の文体そのものには加工を施さず、その時代性・個性をつとめて残そうとした。

一、本文の表記は、基本的に漢字は常用新字体、かなは平仮名に統一し(一部擬音などは片仮名とした)、促音・破裂音などを含み現代仮名遣いに直した。なお「留主」「留守」、「重立ち」「主立ち」、「惣」「総」、「所」「処」などはそのままとした。固有名詞は、書名・目次・見出しでは一般的な表記を優先し、「清河八郎」「庄内藩」としたが、本文の「清川八郎」、「荘内藩」は原文通りとした。

一、今日となっては、接続詞など頻度がきわめて低くなった漢字表記については平仮名とし、さらに適宜送りがなを付与した。

一、必要に応じて読点を打ち直し、改行もあらためた。原著にはない目次およびルビを適宜施した。章立ては基本的に原本に準拠したが、その一部を改めて新規に見出しをつけるなど読者へ配慮した。

一、脱字や誤記訂正など、編者が加えた註記はすべて〔　〕をくくって区別した。

一、先頭の「○」印などは、章・節・項だてに変更したものもある。

一、本文において年号に併記される「(　)」はそのまま残したが、標題や引用等の「(　)」に限っては「　」に置き換えた。

一、本文の割註形式記載は、「〈　〉」をもって明示した。

一、見出しの頭注は割愛したものがある。

第一章　清河八郎と新徴組

附　言

新徴組は、陽には徳川幕府において尽忠報国の名をもって募集し、陰には清川〔河〕八郎が尊王攘夷の目的をもって募集を実行したるものなり。八郎没後、新徴組と命名し、酒井家〔忠篤〕へ委任せらるるや、酒井家は節義・廉恥をもって修養し、隊〔組〕士の素質を矯正し、尽忠報国の名実を行わしめんと欲したのである。本記事は、新徴組の歴史としてもっぱら事実の真想〔相〕を述べ、これを上下二輯に分かち、第一輯は文久二年〔(一八六三)〕戌の三月〔の幕政改革、同年十二月浪士〕募集の令下りしより、慶応四年〔明治元年〕〔(一八六八)〕三月東京〔江戸〕を引き払い荘内へ移住までを記し、第二輯は同年四月以降、戊辰の役より、明治五年〔(一八七二)〕新徴組瓦解《がかい》に至るまでの事実を記述せしものなり。

清河八郎の上書と幕府浪士組の結成

文久二戌年〔(一八六二)〕三月以後、徳川幕府の政事上一変化を生じ、一橋慶〔喜〕をもって将軍を補佐せしめ、松平春嶽《〔慶永〕》をもって幕府の政事総裁に任じ、閣老中の権威者奥州盤《〔磐〕》城平の藩主安藤対馬守信睦、のち信正に改むを辞職せしめ、もっとも厳重なりし江戸の諸門戸出入りの監視を廃し、京都においては青蓮〔院〕宮《〔中川宮朝彦親王〕》および近衛・鷹司の幽閉を解き、所司代若州小浜の藩主酒井若狭守忠義を辞職せしむ。この時にあたり、回天の志士清川八郎正明は、時機ようやく至れりと察し、同年十一月中旬松平春嶽へ急務三策を上書した。その要は攘夷の断行、国事犯の大赦、人材の糾合であった。この書は山岡鉄太郎に托し、春嶽に呈したのである。

時を同うして獄中にありし池田徳太郎・石坂宗順《〔周造〕》の両人は、獄吏を懐柔し、志士の大赦および浪士募集の必要を書面に認《したた》め、高家《こうけ》中条《ちゅうじょう》《〔信礼〕》中務大輔に送った。中条は京都なる実兄樋口観生〔頭註「一本観光と」〕に送り、観生の手からこれを近衛関白忠熙《ただひろ》公に上《たてまつ》った。その結果、関白から非公式に浪士募集の内命を下されることになった。

　春嶽侯は、すでに八郎の上書により考慮中であったので、関白の内命を速かに決行せんと欲し、幕閣の議に上《のぼ》せた。当時の閣老備中松山の城主板倉周防守《すおうのかみ》勝静《かつきよ》、駿州沼津〔行間「若年寄」〕の城主水野〔行間「左近将監後」〕出羽守忠寛〔頭註「忠寛を忠精と誤」〕、豊前小倉の城主小笠原〔行間「長門守」〕右近将監忠嘉〔行間「長行《ながみち》」〕、越後村上の城主内藤紀伊守信親の諸侯あい会し、鳩首《きゅうしゅ》凝議したが、甲者はいわく旗下八万を有し、その他いくたの譜代《ふだい》大名あるに、浪士の力を藉《かり》るということは幕府の威権地に堕《お》ち、徳川氏の興亡に関すと。乙者はいわく今や諸国浮浪の徒徘徊《はいかい》し、あるいは勤王を唱え、攘夷を叫びほとんど制馭《せいぎょ》するあたわず。この際彼らを懐柔することは政策上もっとも便宜ならんと。諸説紛々たりしも、総裁の硬論、ことに関白の内命なるとのゆえをもって、募集の議に一決す。

しかして十二月三日春嶽侯の命により、松平上総介《かずさのすけ》を挙用して浪士取扱に任じ、次に鵜殿鳩鳩翁〔長鋭〕をも浪士取扱〔ママ〕に任ぜられた。主税介《ちからのすけ》〔上総〕は使をもって水戸に潜伏しておった八郎を招いた。それは浪士募集の任を負わしめんがためなり。八郎は十二月十日出府して山岡の邸《やしき》に寄寓す。正式に浪士募集の令が出たのは十二月十九日である。十二月の末には、池田・石坂の両人も大赦に浴して出獄した。

八郎の招聘《しょうへい》については可否の論もあった。それは、八郎は無礼人斬殺の罪を犯しているから、たんに大赦令の国事犯人でないという点であったが、松平上総介の名をもって町奉行に一書を差し出し、結局赦免に決して青天白日の身となった。上総介いよいよ募集に着手するや、策略はことごとく八郎に委《まか》した。八郎旨《むね》を受くるや、池田・石坂の両人に含めて、関東八州にかけて必至遊説《ゆうぜい》をなさしめた。両人は才智胆略ありて、八郎とは意気投合の間柄にて、浪士の募集には至極《しごく》適任者であった。

いく日も経ず、八郎の同志たる土橋鉞四郎《おのしろう》は甲州より多勢を伴い来たり、相馬から西恭助・草野剛三、仙台にて別れた村上俊五郎もまた来たる。その他各地から続々募集に応じて来たる者総数二三〇余名。
はじめ幕閣にて上総介に命じたるは、まず五〇人を募り、一面関白の命を実行し、募集の結果により善用しようという趣旨であったが、八郎はこの機会に乗じ、素志を遂げんと欲する内心であるから、集められるだけ集めるという方針であった。召募者の中には山本仙之助（甲斐の祐天）、博徒の親分にして子分二〇余名を連れて来た。

ちなみにいう。山本仙之助は文久三年の五月頃であった。千住小塚原の妓楼《ぎろう》で大村龍男〔達〕が不倶戴天《ふぐたいてん》、父の仇なりと、同士藤林鬼一郎の助太刀を得て斬殺したが、人違いであるとて、大村・藤林の両人は町奉行の獄に投ぜられた。山本の子分で荘内へ下りたるもの七、八名あるが、戊辰の役にはいずれも相当に働いた。なかんづく越後の領界山熊田の戦争で功名《こうみょう》を顕わした若林惣兵衛も、その中の一人である。

また、剣客《けんかく》近藤勇の如きも、高弟土方歳三《としぞう》・芹沢鴨・沖田惣次〔総司〕・長倉新八、その他の門弟二〇余名を連れて来た。家の子・郎党を伴って来た。なかには武州兜山の根岸友山、上州の金子龍之進等もあった。募集の名義が報国尽忠の有志というのであるが、実際は貴賤・貧富・老若の差別はもちろん、いわゆる玉石混淆《ぎょくせきこんこう》で博学の者もあれば、姓名を記すあたわざるあり。天下の名人と称せられる剣客もあれば、竹刀《しない》の持ちようも知らぬ者あり。温厚篤実にして人格高き者もあれば、田夫野人にして卑下《ひげ》すべき族《やから》も少なからず。

しかれども、八郎はそれらのことは厭わなかった。かくて応募の総数を報告すると、主税介は驚愕した。主税介は、幕閣の命令通り精々五〇人ぐらいを集める積りであったから、その費用の予算も三〇〇両に充たんのである。主税介大いに窮し、応募者一同小石川伝通院に参集すると決した。二月四日ついに辞職した。

そののちを受けて鳩翁が専任となり、山岡鉄太郎・松岡万《つもる》の両人が浪士取締に任ぜられた。鳩翁は一同に向かい、手当不足の事情を告げ、もし不平の者あらば、帰って貰いたいと申し渡したが、不平を唱える者もなかった。しかして二月六日浪士組の編成が終った。

幕閣では浪士を集めてみたが、予定の五倍に達し、しかのみならず粗暴の振る舞いあって、治安上かえって厄介者の集りであるゆえ、一時の肩休めに姑息《こそく》の策ではあるが、幸い近衛家の内命もあれば、京都警衛、将軍上洛《じょうらく》の先発を名とし、一日も早く江戸より追い立てる策を考案した。しかるに、浪士のなかで思慮あるものは幕府の冷遇を怪しみ、たんに京都警衛をいうのでは皇城の警衛なるか、あるいは守護の職を勤めるのが明白でないというので異論が出たが、八郎は彼らを諭していわく。上洛すれば相応の計画もあるから、とにかく上京するが何よりの得策だと言って、一同を納得させた。

浪士組の上洛

しかして二月八日、江戸を発し中仙道を経て二十三日京都に着し、本部を壬生の新徳寺に設け、各隊を附近の寺院、または農家に分宿させた。その総数は二三四人である。八郎は名簿の中へ自己の姓名を載せず、別段役名もなく自由の立場におり、全隊を繰〔操〕縦しようとしたのである。

八郎は着京速時、一同を新徳寺に集め、正座に着いて、今回一同が上洛したのはけっして将軍家護衛のためでなく、一意尊王攘夷の先鋒たらんがためである。よって一同の素志を天聴に達するため御〔ママ〕に上書するが、異存のあるはずはなかろうと申し渡し、堂々とまえもって起草しておいた上書文を読み上げた。一同は寝耳に水の申し渡しであったが、この時八郎の剣幕は傲然たるもので、一言の異議を唱えたる者もなく賛成してしまった。

ちなみにいう。池田徳太郎は当時母の病気を名とし脱退せしは、さきには八郎と国家のために東奔西走せしも、上洛に際し八郎の行動粗暴・過激に失して、到底志望を達するあたわざるを察し、敬して遠ざかりしものなりと。そもそも池田は温厚篤実の質で、勤王論者ではあったが攘夷論者ではなかった。だいたい公武合体論者でありしと池田を信じておった、山口三郎の直話《じきわ》である。

八郎は二月二十四日、浪士のうち弁才に長じ胆略あるもの六人を選抜し、当時国事参政が詰めておった学習院に出頭せしめた。八郎が起草した上書文は、左の如し。

謹んで言上たてまつり候。今般私ども上京つかまつり候儀は、大樹〔将軍〕において御上洛の上、皇命を尊戴し、夷狄《いてき》を攘斥《じょうせき》するの大義雄断遊ばされ候ことに、周旋の族は申すに及ばず、尽忠報国の有志の者は忌諱《きき》にかかわらず広く天下に御募り、その才力を御任用、尊攘の道御主張遊ばされ候ため、まずもって私どもも御召しにあいなり、その周旋これあるべきとの儀につき、夷変以来累年国事に身命をなげうち候者どもの旨意も、まったく征夷大将軍の御職掌御主張あいなり、尊攘の道あい達すべきとの赤心にござ候へば、右の如く言路悃開人才御任用遊ばされ候はば、尽忠報国の範これに従い徹底すべきと存じたてまつり、すなわちその御召しに応じまかりいで候。しかる上は、大将軍家においても断然攘夷の大命御尊戴補佐たてまつり、朝廷はもちろんのこと、万一因循《いんじゅん》姑息《こそく》・皇武離隔の姿にもあいなり候はば、私ども儀いくえにも挽回の周旋つかまつるべし。なおこの上とも御取り用いもこれなくば、是非に及ばず銘々靖献《せいけん》の心得にござ候。その節は寒微の私ども誠にもって恐れたてまつり候へども、もとより尽忠報国身命をなげうって勤王つかまつり候儀につき、何卒朝廷において御垂憐《すいれん》、いずかたなりとも尊攘の赤心あい遂げ候よう、御差し向けなされ候はば、ありがたき仕合せに存じたてまつり候。右につき幕府御召しにはあい応じ候へども、禄位等はさらにあい承り申さず、ただただ尊攘の大義のみあい期したてまつり候あいだ、第一皇命を妨げ私意を企てる輩《ともがら》これあるにおいては、たとえ有司の人々たりとも、いささかも用捨なく刺責《しせき》つかまつりたき一統の決心にござ候あいだ、威厳を顧みず言上《ごんじょう》候あいだ、御聞き置きなしくだされ、微心徹底つかまつり候よう、天地に誓い懇願たてまつり候。誠惶頓首《せいこうとんしゅ》。謹白。

文久三年二月二十四日　　浪士一同連判

超えて二十九日、左の勅宣を賜った。

近年醜夷猖獗《しゅういしょうけつき》覬覦《ゆ》、皇国実に容易ならざる形勢につき、万一国体において神器を欠くるのことは、列祖の神霊に対しなされ、これまったく当今寡徳のゆえと宸襟《しんきん》を痛めなされ候につき、蛮夷拒絶の叡旨を奉じ、固有の忠勇を奮起し、速かに掃除の効を建て、上《うえ》宸襟を安んじ、下《した》救いあらせられ候こと。

これと同時に、関白からは左の達文《たっしぶん》があった。

醜夷拒絶の期一定においては、闔国《こうこく》の人民戮力《りくりょく》に励むべし。忠誠はもちろんの儀、先達て有志の者誠をもって報国尽忠周旋いたすべきの儀、叡聞に達し感ずるに斜めならず。これによってなおまた洞開せられ言路草莽《そうもう》といえども微賤の言叡聞に達し、忠告至当の論と否と論ぜず、壅塞《ようさい》せざるようとの深里の思し召しに候あいだ、永く忠言を韜《とう》せず学習院へ参上し、御用掛の人々にまで揚言仰せ出だされ候につき、あい心得申し出ずべく候なり。

右の如き重大なる攘夷の勅諚を直接浪士に賜わるということは、破格・非常のことであるから、これを耳にした幕府の驚きはひと通りでなかった。しかのみならず、関白の達文は天下の政事に関して草莽の意見を建白する路を開いたものである。八郎はこの勅諚さえ拝領すれば、もはや幕府の羈束《きそく》を受けず、独立・独行して攘夷ができるというので、その喜びいわん方なく、即夜新徳寺で祝宴を開いた。八郎は二月三十日再び国策を上書し、関東において攘夷の先鋒を勤めたきむねを披瀝した。

三月三日に至り、関白から下の如き東下《とうげ》の命が浪士組に下った。

浪人〔ママ〕奉行　鵜殿鳩翁
同取締役　山岡鉄太郎

今般横浜へ英吉利《イギリス》軍艦渡来、昨戌年〔文久二年〕八月武州生麦において薩人斬夷の事件より、三か条申し立て（幕府は）いずれも聞き届けがたき筋につき、その旨応接に及ばれ候あいだ、すでに平端を開くやも計りがたく、よってその方召し連れる浪士兵速かに東下し、粉骨砕身《ふんこつさいしん》忠誠に励むべく候なり。

この命令は先の勅諚の如く直接浪士に下らず、学習院から二条城（幕府）を経て浪士役人に下ったのである。恐らく前回の手続きについて、幕府から異議を申し立てたためであろう。八郎は三月五日、三度国策十条を建白した。三月九日には、さらに山岡の名をもって幕府御目付池田修理〔長発〕に宛て、攘夷の号令を速かに天下に布告すべしと勧告した。

浪士組の東下

いよいよ三月十三日早朝出発、東下と決し、その前日新徳寺において東下の披露会を開き、八郎から関白の命によって攘夷の先鋒となる旨を言い渡した。近藤勇の一味は、自分どもは幕府の召しに応じて集ったものであるから、将軍家の命令がなければ一歩も退かぬというた。ここにおいて分離し、会津藩に属し新選組を組織するに至れり。

浪士のなか半数以上は、八郎が主将の如き横暴の振る舞いに不平を抱きたるものありしも、東下の上に処せんとことなきを装いたりという。東下のこと定まるや、そのなか三〇名は京都に留まりたるが、鵜殿これを統《の》べもって京都の警護に任じた。新たに高橋伊勢守〔政晃〕（泥舟）が浪士取扱を拝命し、二〇〇名の浪士を率いて東帰すべき命があった。

しかるに、数日ののち浪士残留のことは沙汰止みとなり、一同帰府することになったのである。しかして、高橋の任命とともに、講武所師範速見又四郎・佐々木只三郎・高久保二郎・依田哲二郎・永井寅之助・広瀬六兵衛の六名が浪士出役《しゅつやく》に任ぜられたが、公然披露になったのは十三日朝、今や出発せんとする間際であった。一同は再び木曽路を取って江戸に向かった。


ちなみにいう。幕府ではさきに、江戸に置くことは安寧に害ありと考察して京都に追ったが、上洛後は八郎が縉紳に出入し、種々の企策をなし、一層危嶮を感ずるため、再び東下を計ったのである。幕末にあって一定の政策なく、朝令暮改なりしは周知の事実なれども、浪士の募集は拙の拙なるものであった。これがため幾多の困難を招いたが、計り知るべからず。山岡鉄舟・高橋泥舟の如きも一定見なく、極言すれば清川八郎の傀儡《かいらい》たるに過きず。八郎は非凡の豪傑であったが、短所として徳望なく傍若無人・傲慢不遜と誹《そし》られ、長所たる果断は志業の障碍を招いた結果である。

文久三年〔(一八六三)〕三月二十八日江戸に着した浪士組。上洛後江戸に参集した浪士が約一五〇名。窪田治部右衛門・中条金之助、その取扱に任命されておったが、一同帰府とともに皆な合併になり、本所三笠町の小笠原〔側衆〕加賀守〔長穀〕という旗本の空屋敷が屯所に充てられた。八郎の股肱たる石坂周蔵〔造〕・村上俊五郎の二名は馬喰町大松屋に宿泊し、八郎は山岡の宅に寓して種々密議を凝らした。

四月一日に至り、朝廷から幕府に勅して外国応接のことを一橋慶喜に委《まか》せしめ、その攘夷の期限を五月十日とすべき旨をもって、諸藩に布告せしめた。八郎は宿志を達すべき時機の到来せることを喜び、山岡・高橋の両人に説き、迫って攘夷の決行を促した窪田・佐々木等は八郎に反対し、密かに板倉侯に向かって山岡・高橋の説は国家に害ありと主張した。水戸の藤田小四郎・田中愿三等も八郎と気脈を通じ、藩主に迫り攘夷の断行を促し、形勢にわかに不穏に傾いて来た。八郎は独立・大挙して攘夷を決行する覚悟を極めた。この密議は浪士中石坂・村上等のほか、奉行の鳩翁を始め、取締の窪田その他の者ももちろん知らなかった。

横浜攘夷決行と清河八郎の暗殺

いよいよ決行と極まれば、第一に必要なるものは軍資である。尽忠報国の党が大義をなそうというに、金のできぬということはなかろうと段々評議して、結果豪商から徴発した。首〔ママ〕としてその任にあたったのは石坂・村上の両人を始め、松沢良作・和田理一郎・藤本昇などであった。一夜蔵前の札差《ふださし》伊勢屋四郎兵衛、およびその他の富豪に到り、勤王攘夷の大義を説き、献金を強談《ごうだん》す。一夜にして約一万金を得たのみならず、何時なりとも二、三万の献金をなすとの承諾書を呈出せしたた〔め〕。周造等部卒に命じて金匣《ばこ》を営所に運ばしめた。

衆議ついに四月十五日をもって断行することに決したが、十三日夕刻八郎は幕吏のため暗殺された。攘夷運動もまた一蹶しおわった。八郎遭難の夜、鳩翁は取り締り不行き届きのゆえをもって浪人奉行奉〔ママ〕を免ぜられ、山岡・高橋の両人も閉居を仰せ付けられた。

翌十四日、荘内・小田原・中津・白河・相馬・高崎の諸藩兵をもって三笠町の屋敷を囲み、石坂周造・村上俊五郎・和田理一郎・松沢良作・白井庄兵衛・藤本昇の六名を捕え、町奉行所に引致《いんち》し、のち諸藩へ分かち禁錮せられた。

浪士組から新徴組へ

翌十五日、浪士組を新徴組と命名し、その取り締まりを荘内藩に委任せられた。浪士の徒、慓悍・粗暴にして幕府統御に苦しみたるより、この命ありたるものなり。八郎死後、この命に接し浪士組の重立ちたる野心家、あるいは捕われ、あるいは追われ、あるいは脱走して四散し、純然たる一隊と化し、荘内藩指導の下に活躍したる、そもそも新徴組の初めなり。

ちなみにいう。井伊大老が安政の大獄を惹起して以来、尊王攘夷の四字は流行語となり、報国尽忠の四字もまた流行語となった。しかれども、尊王は日本の国体上よりしてことさらに唱うる必要はないゆえに、尊王の二字と攘夷の二字を切り離すと、何等の意味をも生じない。いわんや尊王ばかりを唱うることは徳川氏に対し憚るところがある。それで尊王攘夷と関連せしめて流行せしめたのである。

そもそも関西の志士は王政復古と討幕が目的であるけれども、討幕の名義は朝敵にあらざれば下されない。無名をもって唱うることはできぬ。それゆえ開国の時運に向かい、攘夷の不可能なるを知りつつ、朝紳を動かし、攘夷の令を下さしめ、幕府を苦しめ違勅の種を造って討幕の名を得んと画策したのである。

八郎の如きはしからず、真面目に尊王攘夷を実行せんとしたので、討幕の意志はなかった。彼が三月五日の建白書中「第四、京都の守護は一切会津侯に御委任、他の掣肘《せいちゅう》なからしむること」、「第七、将軍勅を奏ずる上は、速かに帰府して天下に号令し、征夷の大業を遂ぐること」とあるを見ても、彼は何の慾望もなく至誠もって尊王攘夷の決行にありしを知るべし。

八郎が始め報国尽忠を名とし、浪士募集の進言をなしたるは、尊王攘夷の名をもって進言するも、幕府は採用せぬと考案せしならん。とにかく人数を集むることを主眼とせしにほかならず。応募者中主義の何たるを了解せず、単に尽忠報国の名の下に集り来たるもの十中の八、九。

この時に当たり、幕閣にあっては八郎の行動過激にして、軍資の徴収となり、何時横浜を襲撃するや計られず。もし暴挙に出るあらば国際問題となり、国家の存亡に関すると危懼し、さりとて八郎を説破するあたわず。ただ八郎を除く一途あるのみ。終に暗殺を決行し、国家有為の士をして空しく一の橋橋畔の露と消えしめた。

八郎没し、石坂・村上等投獄せられしのち、浪士組三〇〇余名ありしも、烏合《うごう》の徒にしてこれを操縦すべき智略を備うるものなし。二［ママ］月六日浪士組編成終ってより、八郎が暗殺せらるる四月十四日まで、前後わずかに七十日なり過ぎず。

飯田町黐坂下の新徴組屋敷

文久三年（一八六三）九月五日、飯田町黐《もちのきざか》坂下旧田沼玄蕃頭《げんばのかみ》の邸を新徴組に賜う。長屋も次第に営繕なり、近々移住すべき旨達せられた。

この間、取扱役は幕吏と庄内藩士と双方立ち会いであったが、移住済の後はまったく荘内藩士の一手取り扱いとなった。幕吏の手を離れ、移住者の最初に中村定右衛門・鯉淵太郎は邸の四隅に「酒井左衛門尉屋敷」と記せし標木を見るや、ただちに取り除き溝中に投じた。藩吏その不法を詰問すれば、二人は答えていわく、「この邸《やしき》は酒井左衛門尉邸にあらず、新徴組に賜わりたるものなり」と。しかれども、暴状をもって獄に投ぜられた。翌日「新徴組御委任」の六字を加えて書き改めた。藩庁においても手落ちあり。一時の怒りより前後を顧みず粗暴を働きしものにて、閉門とか謹慎住いの処置にて足りしならんも、荘内藩の方針は恩威併行の趣旨をもって投獄せしものなるべし。

幕臣伊賀者次席から庄内藩委任へ

移住とともに、〔文久三年（一八六三）九月十二日〕幕府は新徴組を伊賀者次席に列し、陣羽織一、指物一、金五両ずつを賜う。ほかに新徴組の地盤金として、金三万両と具足を添えて荘内藩へ渡された。

文久三年八月十八日、長藩《〔長州藩〕》宮門の守衛を停められ、三条実美《さねとみ》以下七卿長州に走る。

文久三亥〔年〕十一月十三日、酒井繁之丞《〔忠篤〕》、従五位下に叙せられ左衛門尉と改む。

元治元年〔（一八六四）〕二月二十四日、新徴組委任につき、飯田町黐坂下新徴組住居の邸宅修理の諸費として、金一〇〇〇両を幕府より荘内藩へ賜う。市中取り締り昼夜巡回せしため、なお金二〇〇〇両を賜う。

禁門の変と麻布檜坂の長州藩邸没収

元治元年〔（一八六四）〕六月、長藩福原越後・国司信濃・益田右衛門介等、兵を率いて東上し、伏見・山崎に陣し、藩主の寃、七卿の罪を許されんことを請う。朝廷許さず。福原等意を決し、兵を二道より進む。同月十九日、薩州・会津・桑名の藩兵、蛤〔御〕門に戦いてこれを破る。二十二日長藩主の官位を剥ぐ。朝廷、幕府に命じて長藩を征討せしむ。

同月二十五日、幕府、荘内藩家老松平権十郎《〔親懐〕》を召し、麻布檜坂毛利邸を没収せるをもって、これを受け取り、家人を本邸に護送すべきを命ず。翌二十六日兵を遣わし毛利邸を囲み、長藩士を一旦神田橋の邸に護送し、無事引き渡しを了せり。当時、新徴組は荘内藩主要の人数として参加す。

ちなみにいう。荘内藩が幕府の命により長藩邸を受け取りたる応接、その他の手続上は、古武士の典型ともいうべき寛典をもっぱらとし、いささか侮辱せし処置なかりしも、長藩の記録を閲読すればすこぶる事実の相違するものあり。「勝てば官軍、敗ければ賊〔軍〕」という俚謡が史蹟上にも現出するというゆえんなり。

翌二十七日、酒井忠篤召しに応じて登営、将軍家茂の謁を賜い、賞詞を蒙り、茶菓を賜わる。家老松平権十郎また謁を賜わる。陪臣に謁を賜わるは異例なりという。

庄内藩士新徴組士と同藩江戸市中一手取り締り

元治元年〔一八六四〕八月十八日、江戸取り締まり、および新徴組取り扱いの功をもって、酒井家へ出羽国田川郡のうち預け置かれし幕領二万七〇〇〇余石、手当として賜る。また、新徴組は家臣同様十分処置すべき旨達せられたり。

ちなみにいう。新徴組が荘内藩へ臣附せられたる初めにして、当時一般よりは「荘内の新徴組か、新徴組の荘内か」と称された。荘内藩の名声赫々《かくかく》として、加増を受けたる忠篤公の威徳によるといえども、新徴組と因縁決して浅からず。

慶応元年（一八六五）四月十六日、市中取締、荘内藩一手に引き受け、昼夜巡邏して取り締りを厳にし、将軍留守中、ことに注意すべき旨を達せらる。五月十六日、将軍家茂、征長の命をもって上洛す。

同年十一月十五日、市内警衛の功を賞し、田川郡大山組二三か村、丸岡組一九か村、余目《あまるめ》組三一か村、由利郡二か村を合し、一七万石の家格となり、ついで十二月二十五日忠篤従四位下に叙せらる。

狼藉幕臣永島直之丞の斬殺事件

慶応元年（一八六五）丑の十二月十二日、新徴組の六番肝煎玉城織衛（指引役神保小右衛門本藩徒士）主立ちにて市中見廻りにて板橋宿に到る途次、午後七つ時頃、神田明神前に差しかかりたる際、突然馬乗の侍が隊列を横切らんとせしより、一旦制止したるが、一と鞭あてしに馬を踊らし、再び横切らんとせし暴状は、故意の無礼と認めて叱咤《しった》せしに、彼は「何を小癪《こしゃく》」と罵り、鞭をもって陣笠を打ちたるや、中村常右衛門・羽賀軍太郎・千葉雄太郎の三士が、一時に馬より引き落し斬殺し、死骸の処置を町役人に任せ、そのまま板橋に行ったのであるが、検視の上、馬乗の侍は簱《ママ》本にて、小普請組石川又四郎支配永島直之丞にして、輪抜の徽章ある青叩き裏金の陣笠を冠りおりたることが判明した。のちに至り閣老より命あり。

庄内藩の幕府への弁明

籏本の士を殺したるは将軍家に対し恐懼の至りなれば、斬殺したる三士を糺明し、法によって処分せざるべからず。速かに三名を差し出すべしとの厳命であった。これにおいて、荘内藩では重臣凝議し、閣老に向かって左の通り答えた。

近頃重ねて公命あり。市中巡邏中、狼藉の者あれば斬殺苦しからずと。しかるに、今に及んで糺明のため差し出すべしとは、左衛門尉部下を統率するゆえんを知らず。ことのここに至るは皆な臣の罪なり。市中御取り締りを辞し、新徴組を返還するにほかなしと、辞任の請願書を呈す。その文、左の如し。

拙者儀、先般新徴組御委任仰せ付けられ、なおまた出格の御恩寵《おんちょう》をもって永く御附与なしくだされ候段、ありがたき仕合せに存じたてまつり候。組中の儀は元来粗暴の輩馳せ集り候ことにござ候へども、侠気の風聞もこれあり、恃《たの》むべからざるの徒にもこれなく候あいだ、文武を励し、善を賞し、悪を懲し、忠孝・廉恥の道を勧め、追々善道に導き、無謀攘夷の旧志を飜し、御鴻恩を感載たてまつり、水火をも避けず御奉公申し上げ候ようつかまつらせたく存じ込み、重臣ならびに古老の意見を研究し日夜丹誠・信実を本とし、累代召しつかえ候家来同様恩義を加え取り扱い、ようやくおり合い候姿にあいなり、旧染を除き深く御恩沢を遵奉つかまつり候ように略々あいなり候ところ、先達て拙者儀御府内御取り締り仰せ付けられ候につき、右廻りをも申し付け、かつ御進発御留守中といい、御取り締り一手持ちについては、不法・狼藉者等これあり候てはあい済まざる御時節にこれあり、鎮静の儀はもちろんに候へども、我察がましき儀これなきよう堅く心得置かせ候。

はからずも去る十二日夜神田辺において、夜中無提灯にて騎馬の侍一人隊中へ馳せ込み、制止をも用いず、あまつさえ乗り廻し、数人に鞭打ち不法・乱暴の所行〔業〕につき、御威光にもかかわり候儀にて捨て置きがたく、中村常右衛門・羽賀軍太郎・千葉雄太郎三人にて討ち留め候ところ、右は小普請組石川又四郎支配永島直之丞のよし。

それにつき、有馬〔大目付〕阿波守〔則篤〕殿・新庄〔目付〕右近〔直温〕殿より重役の者へ御諭しの次第は、新徴組にて御目見以上の身柄を討ち果たし候段は、拙者公儀を重んじたてまつり候はもとよりの儀につき、右討ち留め候者何とか致し方もこれあるべしとの儀につき、右両人の内存極密うけたまわり候ところ、拙者手内の取り計らいをもって、当人どもの所存にて切腹致し候よう取り扱い方これなきや。左候へば御都合はもちろん、拙者勤め向きの都合も宜かるべし。もっとも新徴組名義をとなえ候かどもあい立ち申すべく云々と内談これあり。

いかよう公辺へ対したてまつり遠慮筋もっともの儀につき、重役ども始め再三再四熟考つかまつり候へども、何分にも廻り方はまったく公辺の廻りにて、市中鎮静第一の儀につき、乱暴人は切り捨て苦しからざる旨御沙汰の趣をも心得置かせ候ことゆえ、たとえ以上の身柄に候へども、一同提灯を持ち行列あい立て候ところへ、前文の通り乱暴の所行に及び候条、切り捨て候儀やむを得ざる場合にこれあるべしと存じたてまつり候。

もともと粗暴・過激の徒にこれあり候へば、御意味合恐察たてまつり、切腹致させ候ようの取り計いに至りかね申し候。また、理非分明ならざるの儀押し付け候ては、これより新徴組への恩義を失いいかよう制御致し候ても、一旦蠢爾・脱走いたしいかなる珍事・結構致すべきも計りがたく、かえって恐れ入り候儀にも至り申すべし。さりとてそのまま指し置き候ては、阿波守殿・右近殿内諭にあいもとり、自然御僉議をも仰せ付けらるべきやとも存じたてまつり候。左候ては拙者職務その詮もこれなき儀、いずれも行われがたき事件当惑至極つかまつり候。

かつまた、一体廻りの節御身柄等色々斟酌《しんしゃく》候ことに至り候へば、自然気向けもあい弛み御締り向きも行き届きかね申すべし。かれこれ参考つかまつり候て、進退まったく失い、ほとんど窮迫つかまつり候。

御留主〔守〕中御取り締りの儀についてはかねて御沙汰もこれあり、別して厚くあい心得、苦心・勉強いささかも御安心遊ばされ候ようつかまつりたく心がけまかりあり候ところ、前段の仕儀に至り候段是非におよばず。いまさらとかく申し上ぐべきようこれなく恐れ入り存じたてまつり候。若年ながら家柄の趣をもって格別の御選挙寵恩を蒙り候うえ、御留主中別して恐れ入り存じたてまつり候へども、新徴組御委任の儀若年の拙者その任にたえかね候あいだ、恐れながら御辞退申し上げ候よりほかこれなく存じたてまつり候。ついては連続いたし候勤め向きにつき、御府内御取り締りの儀をも御免除なしくだされたく存じたてまつり候。

もっとも謹んで御沙汰あい待ち、組中動揺等つかまつらずようあい諭し置き申すべく候あいだ、前述の事情御吸〔汲〕み取りなしくだされ、早速御沙汰ござ候よう致したく、表向きあい願うべきはずにござ候へども、御時節あい憚り、この段内意申し達し候。以上。

十二月　　酒井左衛門尉

新徴組への告諭書

同時に新徴組へも告諭書を出された。その文、左の如し。

今般六番組廻りの節、神田明神前において切り捨て候は、小普請組石川又四郎支配の永島直之丞にこれあり候につき、その節太刀付け候三人の者は始末柄吟味あい遂げさせ候ところ、申し立ての通りの不法・乱暴に候上は切り捨て候儀その通りのことにて、三人の者越度《おちど》もこれなく、別に構い候筋これなく候。

しかし、公辺にて容易ならざる御差し支えの次第これある趣をもって、再三御内諭これあり候あいだ、千思万慮致し候へども、別に致し方これなく、進退止まりなき場合にあい迫り候あいだ、御進発御留守中にて、別して恐れ入り候えども、御府内御取り締りの御用ならびに新徴組御附与とも御免の儀、御老中まで内意申し上げ置き候あいだ、その旨あい心得申すべく候。

永く御附与致されたく苦心致しおり候ところ、いよいよ義烈の風習もこれあり、はなはだ頼もしき儀と感悦のところ、計らず今度御附与御免申し立て候に至り候段、残念至極〔に〕存じたてまつり候へども、御譜代の家柄にて厚く公儀を遵奉致さずばあいならず候へども、何分余儀なき次第、各々にも一旦御附与なしくだされ候ところ、今さら引き離れ候段、いかにも心憎く存じ候儀は深く察し入り候へども、その段相互に決断致し候よりほかこれなし。

各々にもこの末何方へ附与あいなり、いかようの取り扱い致され候ことやと心配致し候より、万一動揺・疏略の振舞等これあり候ては、我ら公辺へ恭順の心にもあいもとり、右にもありがたき御引き立てを蒙り候報国の本意にもあいかなわず〔ママ〕儀に候あいだ、わざわざ取り鎮め謹慎まかりあり、公命をあい待ち候よう申すべく候。この段厚くあい願い候あいだ、篤とあい心得致すべく候。

三組士切腹と幕府・庄内藩の対応

三名はこれを聞きこと重大になり、いかなる珍事を惹起《じゃっき》すべきか計りがたき状況となりたれば、畢竟《ひっきょう》吾々の所為に起因し、徳川家はもちろん、酒井家に対し恐懼にたえずと、十二月二十六日夜、遺書を認め辞世の詩歌を残して割腹して死せり。

三士の義烈・悲壮、鬼神を泣かしむるものあり。もって荘内藩が新徴組の取り扱い方法宜しきを得て、情宜ならび行われたるが厚きを知るべし。

しかして三士の霊柩は、藩葬をもって芝増上寺〔子院〕境内酒井家の菩提寺清光寺の塋域に送られた。

幕府また感激し、翌二十七日新徴組を総轄したる家老松平権十郎（親懐）を召し、老中水野和泉守忠精・板倉周防守勝静列座の上、三士の後を立てしめ、酒井公の辞意を許さず、従来通り二職を励むべきよう懇諭せられ、通達書は左の如し。

酒井左衛門尉

この度新徴組の者市中見廻り先において、かねて仰せ達せられ候次第もこれあり候につき、同組のうち羽賀軍太郎・中村常右衛門・千葉雄太郎にて馬上の侍討ち果たし候ところ、右は小普請組石川又四郎支配の永島直之丞の趣承り、同人身分に対し公儀を重んじその方を憚り、右の者ども始末柄認め置き、いずれも切腹致し候段、畢竟常々取り扱い方懇篤の情義徹底致しおり候ゆえの儀にこれあるべく候あいだ、なお向後の儀はこの程あい達し候趣をもって、新徴組の者へ厚く申し含められるべく候。

酒井左衛門尉

御府内昼夜廻りの儀については、かねてあい達し置き候次第もこれあり候ところ、不都合の儀もこれあり候あいだ、〔文久三年〕去亥年書面をもってあい達し候通り、まったく市中において殺傷、または押借そのほか悪行あい働き候者は搦め捕るに及ばず、その場にて切り捨て苦しからず候。その余、酒狂等にて不法致し候者、あるいは廻りの人数に対し同様の乱暴人これあり候へば、鎮静を重々致し捕り押さえ申すべきはもちろんのことに候へども、白刃等を振り回し手に余り捕り押えがたく候はば、身分柄等の差別なく切り捨て苦しからず候。

右の趣改めてあい達し候あいだ、深く御趣意あい弁《わきま》え、すべてこれまで通り御留主中、別して御府内鎮静方行き届き候よう致すべく候。

今日、松平権十郎へ口達の覚。

この度新徴組の者市中見廻り先において、かねてあい達し候次第もこれあり候につき、同組のうち羽賀軍太郎・中村常右衛門・千葉雄太郎にて馬上の侍討ち果たし候ところ、右は小普請組石川又四郎支配の永島直之丞の趣承り、同人身分に対し公儀を重んじその方を憚り、右の者ども始末柄認め置き、いずれも切腹致し候段、常々左衛門尉取り扱い向き宜しきはもちろんに候へども、その方どもの補佐も行き届き候ゆえ、右よう忠肝・義胆もあい顕れ候ことと存じ候。もとより報国尽忠唱えおり候新徴組の者ども、御為め筋には身命を惜まざる覚悟はもちろんに候へども、なお向後別して一身の栄辱を顧みず、公辺の御為め一途に心がけ候よう寄々申し諭さるべく候こと。

また、酒井公より新徴組へ達されしものは、左の如し。

このあいだ申し置き候通り、止むことなき場合に至り候につき、御府内御取り締り御用ならびに新徴組御附与とも御免の儀、御老中まで内意申し達し候ところ、公辺にても品々御事多きの折り柄、ことに御進発御留主中容易ならざる御差し支えに及ばせられ候ゆえにや、〔老中〕因幡守（諏訪忠誠）より留主居呼び出し候て、内意の趣及ばれざる旨にて、書付差し戻しにあいなり、なおまた別紙の通り廻り方改めて心得候よう達にあいなり、御普〔譜〕代の家柄をもって仰せ付けられ、勤め方御辞退に及び候段心外には存じ候へども、何分よんどころなき次第に至り候へば、御免の内意も申し達し候ところ、御附与・御取締御用ともあい替らずあい勤め候ことにあいなり候段、相互に安心・大悦これに過ぎざる儀につき、各々にもいよいよもって末永く忠勤あい励み申さるべく候。このあいだ中、我等儀公辺へ対し進退当惑・苦心致し候をあい察し候より、永島直之丞へ太刀附け候羽賀軍太郎・中村常右衛門・千葉雄太郎、割腹に及び候始末、親切のほど申すべきようこれなく感激にたえず候。よっては取り調べさせ跡目申しつけ、くれぐれも安心致さるべく、なおこれまでの通り廻り方も申し付くべく候あいだ、不都合の儀しゅったい致さざるよう勉励致さるべきこと。

十二月

以上。各通達書の通りにてこと落着し、三士の死跡を立てらる。

常右衛門実子　中村安太郎
軍太郎実弟　羽賀巳之松
雄太郎実弟　千葉弥一郎

各　通

右は親中村常右衛門儀、当月中市中廻りの節神田明神前において討ち果たせし乱暴人は、小普請組永島直之丞殿にて、公辺において容易ならざる御差し支えの次第これあり、御家のためにてことごとく御配慮あらせられ候儀深く恐察たてまつり、切腹あい果て候段志浅からず格別に思し召され、改めて御凝金《あて》二六両・一二人御扶持くだしおかれ相続仰せ付けられ候。

ちなみにいう。巳之松・弥一郎両名の辞令には「実子これなく候につき、その方養子なしくだされ、跡目相続」とあれども、本文と同一なるをもって略す。

切腹三士の遺書・辞世

ちなみに記す。三士検使の結果、左の如し。

新徴組六番組
中村常右衛門
三十一歳

右は、二十六日夜九つ時（十二時）過ぎ、切腹あい果て申し候ところ、腹疵一か所十文字に切り、咽へ突き立て一尺五寸ぐらいの脇差鍔元まで突き込み、穂先一尺ぐらい出で候よし、着類は紋附へ上下を着し、畳表に座して動もせず打ち臥して死す。

書き置き申し候口上書

当丑の十二月十二日夜中、市中廻り先神田明神前において不法・乱暴〔妨〕に及び候者これあり、余儀なく切り捨て候へば、御籏本小普請組石川又四郎支配の永島直之丞殿のよしにて、しかる上は御公儀へ対してはいくえにも恐れ入り候次第、かつは御家には厚き御心配あいかけ恐れ入り候次第につき切腹つかまつり候。以上。

慶応元年十二月二十六日

中村常右衛門　花押

書き置き申し候口上覚

当丑の十二月十二日夜、市中御廻り先神田明神前において不法・乱暴に及び候者これあり、余儀なきにつき切り捨て候へば、石川又四郎支配の永島直之丞殿のよしにて、御公儀様・酒井左衛門尉様へ対し厚く御心配あいかけ恐れ入り候。かつは御同士に対し御申し訳これなく、よって切腹つかまつり候。右御承知なしくださるべく候。以上。

慶応元年十二月二十六日

中村常右衛門　花押

御同士中

書き置き申し候覚

私儀切腹つかまつり候上は、芳賀軍太郎殿ならびに千葉雄太郎殿御両人の儀は、御切腹の儀を御止りなしくだされ候て、上の御奉公あい勤め候儀、ひとえに願いたてまつり候。私同意の思し召しなしくだされ候ては、御恨み申し候あいだ、右御承知なしくだされるべく候。以上。

丑十二月二十六日

中村常右衛門

羽　賀　氏

千　葉　氏

辞世

こえゆかん峨々たる山もあらばあれ　君がためにぞいさぎよくしぬ

新徴組六番組

羽賀軍太郎

二十四歳

右は中村常右衛門切腹せしを聞き、高らかに詩歌を謡い、じきよう腹を切り、右より左へ突き、左右を振り、「うん」と咽喉笛《のどぶえ》を切り、脇差を畳へ突き立て、平常の体にて水を乞い、快く水を呑んで息絶えたり。

書置

私儀、今般市中御廻り先にて乱暴に及び候者斬り捨て候儀につき、御当家において深く御心配あらせられ候上にて、御勤め御免遊ばされ候段、斬り捨て候者には御構いこれなき旨仰せ渡され候へども、公儀にても容易ならざる御差し支えにあいなり候趣、畢竟《ひっきょう》私一人より右ようなりゆき候段、深く恐れ入り存じたてまつり候。よって自殺つかまつり候。死後しかるべく御取り扱いなしくださるべく候。恐惶謹言。

丑十二月二十六日

羽賀軍太郎源芳忠　花押

御役人中

辞世

武士《もののふ》の義に死すときはくらけれど　死出の旅路はあきらかに行く

おのおの様御一笑くださるべく候。

新徴組六番組
千葉雄太郎
二十三歳

亡兄の辞世への疑義

右は同夜八つ時の鐘をあい待つ。「もはや刻限になったれば」とて、脇差を腹へ突き立てることも三寸ほどに引き取り直し、咽へ突き立てけれども通ぜず。すでに両度に及べども遂に通ぜず。砥石を取り寄せ研ぎつけて突き立て死す。この脇差は用に立たざる道具とあい見え申し候。この人は一体難義に及び候とあい見え、差し替りとても質に入れ置き候や、着物も同様、上下〔裃〕もこれなく袴・羽織のままにて死す。

おそれながら書付をもって申し上げ候

私儀、去る十二日夜廻りの節、御届け申し候通りの乱暴につき、やむを得ず斬り捨て候ところ、御籏本永島直之丞殿にて、公辺においてはもってのほか容易ならざる儀と伺いたてまつり、かつ御当家の御不都合なる場合に至り、なんとも恐れ入り存じたてまつり候につき切腹つかまつり候。向後家名少々なりとも御立てくだしおかれ候へば、誠にありがたき仕合せに存じ候。右の節抜剣つかまつり候者もござ候へども、切り捨て候は私一人にござ候あいだ、恐れながらこの段御届け申し上げたてまつり候。以上。

丑十二月二十七日　千葉雄太郎長胤　花押

御取扱頭中

辞世

君がためおもい定めし身なれども　なほ別れうき丑みつの鐘

乙丑冬感慨

狂夫躪馬猥破隊、焦士《さくし》三刀共一声、晰々朔風吹後止、松間円月益光明、

ちなみにいう。この詩荘内史編纂会の投書にして、『鶴岡日報』へ新徴組の記事として掲載せられたるなか、亡兄雄太郎の辞世の作とあれども信じ難く、当時親友が賦したるのの誤伝と想像せらる。亡兄の作として掲載せられたるは、実弟として感謝にたえざるも、史蹟は国家の重大事にして、いささかも誤りなからんことを切望し、左に一言す。

亡兄はすこぶる勇気に富みたる性質にして、「武士は何時どんなところで死ぬか分からん」といって、羽織の裏襟へ姓名を記して縫い付けておった、武辺一途で文辞にははなはだ拙なかった。詩作などはできぬ。いわんや書き置きの末文に「切り捨て候は私一人にござ候」とありて、「烽士三刀ども一声」は矛盾しておると思う。

ちなみにいう。幕府の小普請組は禄高に等差があって一定ならざれども、概して不良分子の寄せ合せにて、昔日の白柄組と同様であった。なかんずく、永島直之丞は同組中の勢力家にして、禄弐千〔ママ〕七百石を食み、小石川に住し、すこぶる放蕩にて、同夜も大酔して妾宅よりの帰路なり。

徳川家の制規にて大目附と勘定奉行は輪抜の徽章に黒叩き裏金、御目附と御使番は白叩き裏金、一般の旗本は青叩きを裏金の陣笠冠りたるものなるが、当夜永島は青叩きを冠りおれり。

永島が斬殺せられし翌日、小普請の旗本ら某所に会し凝議していわく。「永島にして不法の行為ありしと否とは別問題として、将軍家の徽章ある陣笠に荒菰をかけたる所為は、将軍家を蔑如せし処置にして、決して許すべからず、団結して老中に申告し、断然その責めを問うべし。近頃、酒井左衛門尉は譜代の家柄にありながら、市中取り締りを権威に構え、上は将軍家を軽んじ、下は吾々を侮蔑す。その結果、今回の如き事件を惹起す。この際、酒井の暴威を圧迫せずんば旗本の威信を保つあたわず」とすこぶる激昂したり。閣老もそれらを鎮圧するの策には余ほど窮したる事実あり。もって前段に掲ぐる厳命を下したるものなり。

第二章　新徴組と庄内藩

庄内藩の江戸引き揚げと新徴組

慶応四年〔（一八六八）〕一月、慶喜公大阪《〔ママ〕》より江戸に帰城したるのち、京都においては有栖川《〔熾仁〕》〔宮〕親王を親征総督として錦旗・節刀を授けられ、諸道の総督もそれぞれ任ぜられ、東海・東山の両道より進んで江戸を挟撃せんとす。二月十二日、慶喜公江戸城を退き、上野東叡山《〔寛永寺〕》に入り、恭順を尽くされ、朝廷へ哀訴した。ここに至り、荘内藩は多人数を江戸に止め置いては、如何なる珍事を惹起する〔や〕も計りがたし。帰国して朝命を待たんと藩論一決し、二月二十日藩公は江戸を発駕せらる。

これより先二月中旬、新徴組も庄内勝手を達せられ、その日より市中見廻りも廃された。一同の家財・諸道具は船にて庄内へ運搬せしむるということであったが、老生は日ならず戦争が始まり、船廻しの貨物などどうなるか分からんと考え、明荷二個に寝具と撃剣道具を収め、その他は全部出入りせし者に配付した。

しかしてのち、新徴組は二月二十八日より一日一組ずつ出発することになった。老生は六番組にあって、三月三日妻子を携帯せし人数六十余名、頭取山内寛之助に引率せられ、飯田町なる黐坂《もちのきざか》下邸を出発した。邸内は既に空長屋となり、その寂寥言うべからず。さすがに住み馴れし邸に別るる名残り惜しき心地がした。

市中見廻りが廃され幾日を経ぬが、市中には押し借り・強盗などが追々横行するとの噂を耳にし、市民が枕を高うするあたわず。人心陶々たるも悲憤の涙を催した。東叡山下に至れば、桜花いまだ蕾を解かず。たとえ綻《ほころ》ぶるもこの春は誰か花見る人やあらん。樹下に慶喜公が蟄居《ちっきょ》せらるるを知らば、心なき桜花も空しく散るであろう。

しばらくは忍ぶが岡の桜花　わが待春に来てやかざらん

と吟《よ》み、三輪《みのわ》を過ぎて千住の大橋に至る。この橋は一周二回ぐらいは往復せしも、今日は渡るのみ。何れの日か再び渡るを得ん。

千住に至り指定の旅館にて午餐を食し、その夜は草賀〔加〕宿に泊れり。その夜山内頭取は老生を招き、「兄は独身にて労することもなければ、明朝より出発の際、問屋場に至り人馬を督促して、荷物の滞らざるよう注意してくれられよ。道中は意外混雑を極めておると聞く、無事に一同を庄内まで同伴するは僕の責任である。何分頼む」とその誠意・深切には老生も感じた。

「委細承知しました。左のみ御心配には及ぶまじ」と答えた。
　山内頭取はたいそう喜ばれて、夜半まで馳走になって帰宿した。翌朝未明、問屋場に行って見た〔ママ〕。何分奥羽各藩の人数が一時帰国するので、問屋場の混雑は名状すべからず。しかれども、一行の貨物は滞りなく運ばれた。のみならず、庄内藩の貨物は一個も堆積しておらぬ。人足どもの咄を聞けば、「庄内様はすぐ賃銭を下さるゆえ、仲間でも滞らせません、御安心遊ばせ」という。老生はそれを聞いて心中快を覚えた。

　ちなみにいう。出発に際し、駕籠は妻子を携帯せし二戸に対し一挺と馬一疋を賜った。老生は明荷二個を鞍《くら》の両脇につけて軽尻に仕立て、道中上乗りをする心組みであったが、子供の多きものが背負うて歩行するを見れば、一日五、六里の道程、馬に乗る必要もなければ、同士の子供を馬に乗らしめた。独りぼつぼつ歩行するのが至って気楽を感じた。それでも早き時は午後一時頃宿舎に着した。

　日数を重ね、宇都宮・白河・福島を通過し、十四日瀬の上に宿泊した。その途中他藩の者は滞貨のために四、五日滞留しておる者もあると聞いた。一行はほとんど無事であった。翌十五日は陸羽街道に左折して、小坂峠を越えるのである。小坂駅より上《かみ》の山に至る里程十三里余は、俗に「七宿」と称するところがある。これは仙台領で昔から悪習があって、人足どもが酒代を貪り、普通の道中でも難儀するということを聞いておった。しかるに、思いのほかで少しも困難を覚えず。

湯田川寄宿舎から庄内戦争へ

七宿の中央、湯の原駅に一泊し、翌十六日上の山に着した。金山峠は奥羽の境界であった。上の山は俚謡に、「最上で上の山」というが、繁栄なる湯治場である。天沸の温泉に四、五回浴し、旅中の垢を散じた。二十日合海駅に宿し、翌二十一日船に乗って最上川の急流を下り、清川に着した。

始めて庄内の領地に入り、山内頭取始め一同満足・安堵の思いをなした。翌二十二日鶴ケ岡に着し、藩主の居城を拝して一泊し、二十三日湯田川温泉の寄宿舎に着し、先着の同士一同と会見し、互いに無事を祝し合うた。爾来《じらい》観音堂をもって仮り道場となし、午前二時間ぐらい撃剣の稽古するほか、ほとんどことなきに苦んだ。

四月二十四日清川口に戦争が起った報知に接し、すぐに出兵の命が降った。正午頃であったろう。鶴岡六軒小路なる五・六番組頭取田辺儀兵衛の宅に至り、銃砲・弾丸を渡され、急ぎ清川村に至った。すでに夕陽西に傾きたる時であったが、戦争は大勝利で卒《おわ》ったが、なかなか混乱しておった。

その夜は清川村に宿営し、翌二十六日新徴組の全隊、飽海郡田沢村および観音寺村に転陣し、国境の守備となり、五月二日頭取田辺儀兵衛・取扱赤沢源弥、五・六番組を率い、田辺は郡代をかね最上・村上郡預地鎮撫として出張す。一・二・三・四番組は観音寺村方面に滞陣せり。

六月下旬、五・六番組は本藩士と交代し帰国の上、本隊に合し、観音寺村に滞陣す。しかるに、七月上旬出陣したる一・二番大隊は秋田の破盟せしより北方に向かい、七月十四日新庄城を陥落せしめ、破竹の勢いをもって進軍せしも、戦線は追々延長し、応援なき孤軍戦〔に〕疲れ、前途の進軍意の如くならずと飛報鶴岡に達するや、七月二十日藩公は松平〔親懐〕・菅〔親懐〕其他の軍事掛を随い、本営を上寺村に置き、吹浦・女鹿等を巡視して、のち軍議を開かる。

矢島城攻撃と新徴組

各方面の戦況より東西敵軍の中間を突破し、背後を襲うべき戦略として、矢島城攻撃を決す。その方略は、一面四番大隊の本隊を舛田の間道より由利郡百宅に進軍せしめ、矢島に駐屯する敵兵を百宅に集中せしめ、一面新徴組をして鳥海山を踰えしめ、矢島の空虚を衝かしむるというにあり。軍議ここに一決し、七月十六日をもってまず四番大隊の本隊上寺を発す。翌十七日新徴組は一〇六名のうち、老年者および足弱の者一六名を除き、精兵九〇名遊佐郷大庄屋今野順次郎が率いる農兵一〇余名、路次の教導として随行し、未明上寺村を発し登山す。

各自弾丸一〇〇発、二食分の兵糧を携帯するのみ。薄暮山頂に達する時、霰まじりの風雨となり、辛うじて山頂の長床に入る。全部一二〇余名、狭隘にして各自膝と膝とを重ね、屈伸自由ならず。その苦痛筆紙に尽くすあたわず。夏の短夜も秋夜の長きを覚ゆ。

東天ようやく白むの時、天幸なるかな、一天雲なく快晴にして、東北は敵地を瞰下し、南は御国庄内の一円を眺望し、日本海は波静にして、飛鳥は足下にあり、全軍長床を出て、知らず覚えず快哉を叫び、士気すこぶる旺盛、じきに下降す。

ちなみにいう。鳥海山は上下ともに九里と称し、萱野三里、木立三里、巌石三里なりと。しかれども、九里とは数字にして、実地は上下三、四里なるべきか。

払〔抜〕川と称するところにて昼飯を喫し、じきに発し萱野を過ぐる時二、三発の砲声を耳にせり。何ごとならんと聞きしに、萱野の入口に小なる堂宇ありて、その堂宇のなかに敵の斥候兵四、五名おりたるを見るや、先導したる農兵等が砲発したるものなりと。

しかるに、敵兵の一人農馬を奪い、裸馬に乗って矢島に注進せりという。農兵の不注意を今さら咎むる〔に〕詮なし。走って敵の準備なきなか攻撃するのほかなしと、全軍駈け足にて進む。

矢島城下の入口塩越に通ずる街道に下りて、登る小坂ありしが、全軍坂を下らんとする時、前面登り坂の左側にある丘上より榴散弾を発射せらる。空虚を襲う戦略も今や水泡に帰し、かえって敵より不意の射撃を受くるに至る。全軍取りあえず右側なる杉林に避く。隊長林茂助いわく。「時刻移り夜に入らば、たとえ戦さに勝っても兵糧の蓄えなきを如何せん、如かず。前面の砲隊に向かって白刃戦を試み、戦さを一挙に決するのほかなし」。

しかして一面本隊は虚勢を張って、右側の高地に進み、市内および砲隊の側面を射撃すべしと議決するや、白井為右衛門・赤沢源弥本隊を右側の高地に進め、渡部藤四郎は五名を率い、迂回して北方秋田街道へ放火するの任につき、林茂助は仁科理右衛門・薗田幸助・庄野伊左衛門・長沢松弥・荒井壮蔵・大島久吉・千葉弥一郎の七名を率い、敵砲隊の陣地に潜行す。裏手の山を迂回し、敵の側面に達せしも、柵を廻らして入るあたわず。各自小刀をもって鋤に替え、柵の両脇を掘り柵を左右に寄せて這い入りたるに、寺院の庭前にて小池と築山あり、一円躑躅《つつじ》生い繁り、潜行に便なり。敵兵了《サト》らず。

林隊長いわく、「白刃戦は仁科・薗田と予の三人にて引き受くべし。その他はじきに砲に近ずき砲口を変ぜよ。予輩三名の生死を意に介するなかれ、必らず厳守すべし」と令す。八人一声叫んで広場に躍り出ず。

右方の砲手五、六名、「敵が来た」と叫んで、左方に引き返し、左方なる寺院本堂前の敵、また馳せ来たり、三名は挟撃せらる。しかれども三名は奮激突戦、たちまち敵兵四名を斬殺す。敵兵狼狽ことごとく石階を降って逃走す。

五名の者は命令を守り砲車を引き戻し、砲口を北に転ず。砲車の後退するを見るや、味方の本隊鬨《とき》の声を揚げて市内に操り込み、各所に火を放つ。時に北方にあたり雷の如き爆発の音あり。渡部が率いる別働隊が煙硝蔵に砲火せしものなり。

午後四時矢島城陥落し、市内一円火の海に化し、夜なお昼の如し。林隊長は全軍を寺院に集合せしめ、健足者を撰定し、四方の地利を検せしめ、また兵粮《ひょうろう》の用意を命ず。しかして、裏山の丘上に陣地を布き、畳を運搬して仮りに胸壁となし、敵の来襲に備え、四番大隊の来着を待たんと。当夜の準備ここに整う。

近傍の農家に病夫一人おり、白米二表を呈し、救命を乞う。米代として金五両を与う。病夫の悦びたとうべきものなし。天明に達し、市中を検分すれば、敵の死体各所に横たわり、余火いまだまったく消えず。残るところの土蔵には、ことごとく封印を施し、婦女子を救恤《きゅうじゅつ》し、丸飯を施したり。

四番大隊いまだ来たらず。翌二十日遠く喇叭《ラッパ》を聞くも山彦に答えて、南北いずれか判明せざりしも、間もなく四番大隊来着し、軍令を所々に貼付《ちょうふ》し、仁義の軍にして秋毫も冒すなきを示す。市民大いに悦服せり。

新徴組は焼け残りの商家に宿営して休養を命ぜらる。分捕りたる大砲七門、砲隊長上田伝次兵衛に引き渡しを了す。上田隊長は砲軍を検し、いずれも新式の砲にして我が藩のいまだ有せざる精鋭なるものなりと感賞せり。

ちなみにいう。『史談会速記録』に矢島藩士の談話を掲載せり。その一節にいわく。「矢島藩は万石以下の交代旗本なりしも、藩庫富有にして、藩主は夙《つと》に砲術に熱中せられ、兵操を洋式に改革、三小隊ばかりは精鋭にして秋田藩とは比すべくもあらず」という。

越えて八月四日午後二時前、郷村へ敵兵五〇〇人ばかり来襲せりとの報あり。

安藤定右衛門の率いる奇銃隊、白井為右衛門・赤沢源弥の率いる新徴組、上野織衛・石原数右衛門の率いる新整隊、じきに出兵す。

奇銃隊は玉坂の本道より、赤沢の率いる新徴組の五・六番組は玉坂の間道より、白井為右衛門の率いる新徴組、および上野・石原の率いる新整隊は幅〔ママ〕山方面に向かう。

敵兵一小隊吉出川を渡り、吉出村に入り昼食中、赤沢の率いる新徴組の五・六番組間道より山を下り、吉出村の敵を攻撃す。敵兵狼狽・遁走し、川を徒渉せしため、死傷算なし。奇銃隊は本道より側面を射殺し、ために敵の全軍ことごとく滅す。

幅山方面の戦況は敵兵山上にあり、地利の宜しきより白井および新整隊すこぶる苦戦に陥れり。これによって新徴組の五・六番組は迂回して幅山の背面に出ず。この時すでに白井隊より発したる臼砲の弾丸敵の背後において破裂したるため、敵兵逃走中にあり。

その夜川を渉り、所田に背水の陣を布き、奇銃隊山田村に陣し、新徴組は休養のため新上条に宿陣す。降雨篠を突くが如く、暗夜咫尺《しせき》を弁ぜずゆえに、民家に火を放ち篝火《かがりび》に代用せしが、深夜に至り敵兵夜襲を試み、槍隊を組織し来たる。奇銃隊七連発をもって狙撃し、敵兵斃《たお》るるもの数知れず。残余新上条に達するものありしも、奇銃隊および新徴組のために斬殺せらる。味方一人の死傷者なし。敵の隊長と津軽藩士成田求馬、敗軍を恥じ屠腹して死す。

今なお墓碑街道の傍にあり。村民香花を奠《てん》するもの少なからずという。

越後口への転陣

さきに新徴組は鳥海山を踰《こ》えるも、矢島城を陥落せしめば帰国を命じて休養せしむるとの約ありしも、玉坂および新上条の戦争は行きがかり上やむを得ざるものありしも、今や敵は遠く退いてあらず。よって休養の約を履行すべしと隊内穏かならず。終に帰国を命ぜられ、八月八日畑村に一泊、九日塩越村に一泊、それより海上船にて酒田に上陸・滞在三泊、八月十四日鶴岡に引き揚げ来たり。ただに越後方面危嶮に陥りたりとて、即夜休養の暇なく越後口に出陣す。

ちなみにいう。新徴組が矢島城を陥落せしめしより、上寺においての軍議に決する戦略は的中、北方の戦況一変し、敵軍は背後隧道を抱きつつ、憂いあるをもって数里退却せり。三番大隊は吹浦口より進軍、本荘を陥落してなお北方に進軍す。これによって一・二番大隊は陸羽海道を進み、四番大隊は中央より、三番大隊は海岸より三道あい併行し連絡を通じ、背後の憂いなきにより、いよいよ秋田城に肉迫せり。各方面の戦況は『庄内戦争記』に詳述してあって、伝聞の誤りあらんことを避け、ここに記さず。

八月十五日明月の夜をもって、鬼坂峠を越え菅の屋に一泊、翌十六日小名部に至る。主将酒井正太郎、大番組その他を率いて宿陣す。新徴組の頭取として林茂助一・二番組を率いて小名部口に、白井為右衛門三・四番隊を率いて関川口に、萱野庄助・赤沢源弥五・六番組を率いて高畑山に。新徴組がかく分派せられたるは、他は皆な農町兵および仲間隊等にして、安心がならぬというので、守備隊の主力となりて、他の隊を援助するためであった。

それゆえ、各方面の間三里以上も離れておって、同隊の消息もさらに分からず。戦さのあったのち、戦況を聞くだけである。五・六番組が出張した高畑山は、越後に通ずる間道で、平常は里人と樵夫《しょうふ》の通行するだけで、嶮坂にして敵の来襲を防ぐには要害の地ではあるが、沢が数か所にあって、いずれも通行することができず。それゆえ、一《ひ》と場所に七、八人を配置するので、高畑山の一番先に突出した場所には、大森浜は馬場兵助・長沢松弥・荒井壮蔵・小林守之助・湯木逸蔵・千葉弥一郎の七人であったが、午前十一時頃敵が進撃して来た。人数は分からぬが、大声を発して軍歌らしき謡がかりで山を登るのである。

一面の雑木林と萱生のため発砲するも詮なきゆえ、ただ敵の近寄るのを待っておると、咫尺の間に接近したが、味方のおった場所は頂上より五、六間下ったところで地利が悪い。頂上には大木の松が二、三本あって好地位であるため、その松を小楯に取って砲撃することに決した。すると赤沢源弥が来て「なぜ退くか」と激励した。「このところは庄内の咽喉である。一歩たりとも退いてはならぬ。弾丸は僕が運ぶから、元の場所に戻れ」というのである。それから元の場所へ進まんとする際、すでに敵は見えた。すぐに砲撃して真先の敵を打った。

何人ぐらいか分からんが、敵は沢に落ちて遁げ出した。萱が伏して、その上に鮮血が流れておる点から憶測すれば、少なくも四、五名は負傷したるものの如し。敵の死体（備中足守藩元山承太）が残っておる。他のか所へ向かった敵も残らず逃げて戦さは終った。そのあいだ前後二時間三十分ぐらいである。

ちなみにいう。新徴組の人数が午前八時頃高畑山に着せし時、山下に砲声が聞こえた。中間隊の隊長本多元太の語るところによれば、今朝山下の村を放火するため、隊の者が一

○名ばかり山を下ったが、敵に発見せられ、三名ばかり生け捕られたということであった。生け捕られた者が訊問された結果、「この高畑山には自分どもの隊よりほかにおらぬ」と自白せしため、敵はこの弱兵ならすぐに高畑山は奪取できると侮り、謡声で進撃し来たりたるものならんと、戦後に敵情も判明した。

それから徹雪〔宵〕努力して胸壁を設け、数か所の口々防備の準備を整えた。爾来《じらい》、日々敵より砲発はなせども来襲なく、味方の人数は閑散の余りに胸壁を増設し、あたかも公園の如き奇麗の設備ができ、四顧の山に紅葉錦の如く戦さというほどの激戦もなく、高畑の山上に宿陣すること前後三十余日。嶮坂のため運送自由ならず、飲料水にも不自由を感ずる情然にて、三食も味噌をもって菜となし、魚菜の如き五、六回ならでは食せず。山上寒気凜列なりき。

庄内藩の降伏と処分

九月二十七日午後、鶴岡より降伏・謝罪の報に接するなり。一同切歯・扼腕せしも、主命の止むなきより陣所を離れ、夜中道なき山中を潜行し、鍋倉村を経て真木の台村に一泊、翌二十八日恋路越を経て五十川村の内実の俣村に入る。午後四時なりき。滞留十二日、十月十日をもって湯田川の寄宿所に帰る。始めて妻子と顔を合することを得たり。

十一月十日、酒井忠篤《ただずみ》公、供奉《ぐぶ》五〇人ばかりを随え、越後新発田《しばた》に向けて発駕せられ、ついで東京芝増上寺境内菩提寺清光寺において謹慎せらる。

十二月七日、封土没収、一家中上下の区別なく当分面扶持となる。新徴組一同各自思い思いに内職をなし、不足を補充することになしたれども、士気あえて衰えず、ひたすら藩公の再興を祈誓せり。

十二月十五日、忠篤公、実弟忠宝《ただみち》公に家督を譲る。続いて忠宝公、新たに会津若松において一二万石を賜わる。

明治三年〔(一八七〇)〕六月十五日、改めて岩〔磐〕城平に転封を命ぜらる。二回の転封は中止されて、庄内に永住することとはなれり。

(朱筆)「以上、当時の事実は『維新前後の荘内藩』と題する記事、その他の記事に詳述す。参考を乞う。」

明治二年〔(一八六九)〕は移封その他庄内藩多難のなかにありて、新徴組にあっては別に何らなすことなく経過し、翌三年の春に到り、藩政も追々緒につきしため、新徴組へ家宅を給わることに決し、城東大宝寺村の地を卜《ぼく》して新築せらるるため、一同湯田川より朝夕往来し、地ならしその他工事に関する土木の業を働けり。九月に到り新築・落成し、追々湯田川村より移住す。

ちなみにいう。老生はその年の暮、鹿児島に留学を命ぜられ、翌年八月帰国せしため、前後十か月在国せざるも、不在中天野静一郎が屠腹せしほか、別に異条なきものの如し。

明治二年の秋より各隊の編制なり、新徴組は一小隊として練兵に従事せり。新徴組の兵事は、頭取竹内右膳もっぱらその任にあたれり。白井為右衛門は、士族隊神戸善十郎のあとを受く。

追加記事

新徴組の五・六番組が高畑山に在陣中、村上藩の国老鳥井三十郎（首謀の臣として切腹せし人）、藩士二〇名を率い高畑山の守備に加わり、老生は該隊の監視として同隊にありしため、鳥居〔ママ〕より村上落城の模様を逐一聞きたるが、同藩は藩主が東西に別居せしため、藩論も区々になりしという。庄内へ落ちたる妻子は湯飽海村におるとの咄《はなし》にて、各自何の携帯品もなく、実に惨鼻の極りである。鳥井は沈勇にして、国老として恥ずかしからぬ人格であった。

第三章　新徴組人名移動詳細

○上洛せし浪士人名
○留主中江戸にて募集せられし人名
○荘内藩へ委任せられし人名
○荘内へ移住し、戊辰戦役に出陣せし人名

○**附　言**

一、本書浪士の姓名は、侯爵毛利家文庫所蔵の原本より謄写せしものなり。
一、朱書は、幕吏および浪士中重立ちたる者の動静に対して、見聞するところの事実を述べたるものなり。
一、姓名の頭に◎印を付したるは、荘内に移住せしものなり。
一、田川温泉寄宿人名中◎印は、前記の通り上洛したる者にして、荘内へ下りたるもの。○

印は浪士上洛留主中江戸にて募集せられたるもの。●印は戊辰役に出兵し、矢島城陥落の際参加せしもの。（無印）は老年者にして新庄へ守備として出張し、または楽隊、または新規召し出されたるものなり。

第一節　上京有志姓名録　文久三亥年二月八日　公爵　毛利家文庫所蔵記

○幕臣姓名

浪士取扱改再新徴組支配　松平主税介《ちからのすけ》忠敏

在府再勤　のち上総介《かずさのすけ》

（朱筆）「主税介は、例の馬斬り長七郎の後裔《こうえい》長沢松平で、徳川家からわずか三〇〇石の捨扶持を賜り、旗本でもなく、連枝でもなく、とにかく「御親類」として葵の紋の衣服を平素着しておって、いざとなれば大名の上席にも座する身分であった。剣道の指南もなし、智恵者の聞こえもあったが、我がまま者で募集の浪士が予想外多人数で、費用の金が不充分なので、浪士の扱いなどは嫌になったので、浪士組が小石川伝通院へ参集する二月四日職を辞した。」

浪士取扱　鵜殿鳩翁《きゅうおう》　民部少輔《みんぶしょうゆう》

（朱筆）「主税介が辞したので、仕方がないから浪士募集を主として任じた。閣老板倉周防《すおうの》守《かみ》は御目附をした鳩翁を浪士取扱とした。」

中条《ちゅうじょう》〔守〕金之助

（朱筆）「さきに募集せられし浪士上洛せし留主中、江戸で募集せし浪士の支配頭に任ぜられた。氏も剣道指南をなし、幕臣中の錚々《そうそう》たるものであった。」

京より〔同〕取扱　帰府後御役御免　高橋伊勢守

（朱筆）「精一郎と称し、鎗術の指南をなし、山岡とともに清川〔河〕八郎のため努力せし人なり。書家として泥舟《でいしゅう》と号す。」

新徴組支配　河津三郎太郎

（朱筆）「氏ははじめ小身の旗本なりしも、のち伊豆守に叙せられ、講武所奉行・外国奉行に歴任し、幕府の三傑といわれた。才智に長じ、三傑の一人小栗上野介《こうずけのすけ》と対抗した。今一人の勝麟太郎、のちには安房守《あわのかみ》に叙せられたが、河津とともに小身より累進せしものにて、慶応のはじめには小栗の勢力は遙かに両人の上にあった。

ちなみにいう。河津は荘内藩にも交際したもので、戊辰の春、江戸引き揚げに際し、本所太平町の邸《やしき》を河津に預かって貰った。維新後、該邸取り戻しの交渉役は田辺儀兵衛であったが、田辺は「河津という奴は狡猾《こうかつ》であるから、すぐにはいと返事をなすかどうだか、何か思惑をするだろう」と心配されたが、何とか無事に取り戻しができたといわれた（田辺氏直話）。」

取締役上京　帰府御役御免　　山岡鉄太郎

（朱筆）「鉄舟と号し、小身の籏本にて、剣客をもって名あり。氏の小伝は諸書に掲載し、世の知るところなれば、ここに略す。」

同　上　　松岡　万《つもる》

（朱筆）「小身の籏本にて、剣客たりしも、別段記述すべきほどの人格にあらず。」

同　上　在府　　窪田治部右衛門

（朱筆）「氏は中条金之助とともに就任せしものなり。相当の地位にありし籏本にて、剣客をもって名あり。」

取締並出役　上京帰府後御役御免　　速水〔見〕又四郎

（朱筆）「清河八郎を殺したが、伏見・鳥羽の戦争で打ち死にす。」

佐々木只三郎

高久安次郎

広瀬六兵衛
永井寅之助
依田鉄太郎

（朱筆）「以上の六氏は、壬生の新徳寺で草鞋《わらじ》をはいて戻る時に、新たに任命されて浪士帰府の一行に加わったもので、実は江戸へ下る道中において清川八郎を斬って終うつもりで、板倉周防守が命じたものだとの説があった。」

（朱筆）「小栗上野介は、板倉の股肱《ここう》であって、板倉の施設はすべて小栗の方寸より出たとのことであるから、前項の説、あるいは信ずるに足る。しからずんは、帰府に際してことさら新たに任命するの必要もなかるべし。いわんや六名何れも当時の剣客なりしも、怪しむに足るべし。」

徳永昌作
河野三助
松本直一郎
荒木済太郎
安藤静太郎
池田良之進

手形明細帳掛取調役

三役兼御入用掛・人別掛道具掛
六月十七日より同上
同上　芸術掛

芸術掛定役
同　手形明細帳掛

手形明細帳掛・人別掛
御入用掛・人別掛・諸道具掛　六月十七日
より　同上

羽賀栄之助
佐藤邦之丞
山内八郎
大津源次郎
昌岡俊之助
大野亀三郎
飯田豊之助
中山修助
板橋鉄之助
田中久太郎
荒井金次郎
山崎廉之助
藤本潤助
伊藤整作
中島文助
荒木佐一郎

御入用掛・人別掛・諸道具掛　　山内道之助
新徴組支配書物御用出役　七月二十八日　　松居左馬助
より　　井上忠八郎
田中半十郎
田臥謙三郎
千田円平

（朱筆）「以上は幕臣にして、幹部・役附のほかは籏本にあらず。与力あり、御家人と称する御目見え以下多し。」

○浪士姓名

羽州庄内　山岡附属　清河八郎
（朱筆）「清河八郎の伝記は刊行書あるをもって、ここに記さず。」

○道中先番宿割

備後《びんご》浪人　池田徳太郎
（朱筆）「氏は帰府の際、母の病気を名とし脱退せり。さきには清河八郎と提携し、艱難《かんなん》をともにし東奔西走、終に獄に投ぜられ、大赦後浪士の募集に尽力せしも、上洛後八郎の行動過激・暴慢にして、前途を憂いつつありしと。徳太郎は温厚篤実にして思慮に富み、八郎と交誼を破るに忍びず、敬して遠ざかりしものなりと、同氏を信ずる（山口三郎直話）。」

武州多摩郡石田村　近藤勇　三十

（朱筆）「近藤勇は、門弟一二名を率いて浪士の募集に応じ、上洛後三月十三日出発・東下と決せる前日、八郎一同に向かい関白の命によりて攘夷の先鋒たらんため東下する旨をいい渡す時に、土方・芹沢等とともに不服を唱え、幕府の召しに応じて集りたるものなれば、将軍家の命令がなければ一歩も退かずと反対し、壬生の合宿に居残ったことによって、新撰組が呱々《ここ》の声を上げ、続いて宿舎八木の邸前へ「壬生村浪士屯所」の看板を掲出した。その後、守護職の会津藩へ預りとなって一〇〇余名を募集した。当時芹沢鴨は近藤を凌ぐの勢力を有し、芹沢・近藤・新見の三人は同じ局長である。追々人数が増加して三〇〇人に達したこともある。しかるに、芹沢は淫酒に耽けって暴慢極度に至った。近藤一派はここに至って芹沢暗殺を企てた。まず第一に芹沢が股肱としておる新見錦が、祇園の遊女屋「山の緒」で非行をなしたので、詰腹を切らせた。芹沢暗殺の夜は新撰組の会合があり、芹沢は大酒をあおって一歩さきに帰り、一味の平山五郎（水府脱藩）は桔梗屋の小栄、平間重助（水府脱藩）は輪違屋の糸里をつれて戻って寝ていた。芹沢は四条堀川の商家菱屋の妻女お梅を奪い取って戻っていたが、芹沢とお梅、平山の三人は殺された。追々芹沢一派は除かれて、いよいよ近藤の天下となった。以後〔池〕寺田屋事件のほか、新撰組の刃にかかった者幾十人、数うるにいとまあらず。そのなかには勤王を唱えた志士も少なしとせず。要するに、新撰組は文久三年から慶応三年に到る京都滞在の五年間、ほとんど暗殺・謀殺・剣戟《けんげき》の沙汰をもって終始した。

勇は慶応三年（一八六七）十一月十八日夜、京都油小路七条下る街上で、元の同士常州志筑藩伊東甲子太郎武明を暗殺し、駕籠《かご》をつらせてその屍《しかばね》を取りに来た伊東の実弟鈴木三樹三郎ほか七名を、隊士四〇余名で襲撃し、伊東一味はさらに藤堂平助以下四名乱刃の下に討ち死に。鈴木および篠原泰之進・加納鵬雄三名は今出川の薩摩屋敷へ退いて、危ういところを助かった。その夜は敵・味方互いに顔がよくわかるほど明るい月がさえ渡っていた。この生き残りの篠原泰之進（明治四十四年八十八歳まで生存、贈従五位）・加納を初め、阿部十郎・富山弥兵衛四人が、翌月のしかも同じ十八日の夕七つ時（四時）、伏見街道墨染を勇が隊士五、六をつれ、肥馬に跨がって悠々と通るところを、民家の中に潜んでいて鉄砲でうしろから狙い撃ちをした。これで近藤はかれにとって一番大切な右の肩を撃ち抜かれ、刀をぬくこともできなくなった。それでもさすがは近藤落馬もせず、湧いて流れるような血潮を手で押さえ馬の上へ伏して逃げ去った（泰之進長男、復興局秦泰親氏談、「秦泰之進日誌」)。

このため伏見・鳥羽の戦にも出陣せず、隊士一五〇余名は土方歳三に任せ、一〇〇余名が討ち死にした。勇は一月十二日富士艦に乗って、十五日未明品川沖へかかり、直ちに上陸し、和泉橋の医学所松本良順のところへ入った。近藤の傷もようやくなおり、甲州鎮撫隊として江戸を発したのは三月一日。近藤は若年寄格、土方は寄合席格と始めて正式の幕軍となり、お手許金五〇〇〇両、大砲二門、小銃五〇〇挺を賜わり、烏合《うごう》を狩り集めて約二〇〇の兵を率いたが、新撰組の重立ちたる者は沖田惣司・永倉新八・原田左之助・斎藤一・尾形俊太郎五人のほか、一四、五人。これらには青たたき裏金輪抜の陣笠を冠らせ、旗本格としたけれども、この時はもう近藤も少し焼きが廻っていた。甲州へ行くか行かぬかの相談会のあった時、近藤はこれは将軍の内諾を得たといって、甲州城一〇〇万石をとったら自分は一〇万石、土方は五万石、沖田・永倉は三万石、伍長級五〇〇〇石、平隊〔士〕は各一〇〇〇石と、丸で夢のようなことをいっていたと(永倉新八、後に杉村義衛と改名、大正四年一月五日北海道小樽で病死した、「右談話記録」)。

近藤が甲州へ出兵したのは三月一日で、四日に勝沼駅へ着いて見ると、一日早く板垣退〔乾〕助の率いる官軍が三〇〇〇ばかり入っていて仕方がない。散々敗軍して江戸へ逃げ帰り、武州流山へ出かけた。この時は沖田も死に、原田も死に、勇の周囲には土方と長倉のほか、隊士らしい者は誰もおらん。金にも窮して、虎徹の刀もこの時手放したようである（長倉改名杉村翁談、この刀は震災で焼け身となって金子賢太郎子爵の所持）。

流山では土方の奔走で浮浪の士一二〇名ばかり集ったが、終に官軍の参謀香川敬三のために捕えられ、板橋の問屋場に送られ、四月二十五日庚申塚《こうしんづか》の草っ原で斬首された。年三十五。首は京都へ送られ、四条磧《しじょうかわら》で梟首《きょうしゅ》となった。

土方歳三は会津に走り、さらに函館へ行って榎本武揚の幕下に参じ、明治二年（一八六九）五月十一日の激戦で戦死した。」

信州小諸浪人　佐々木如水　四十五

（朱筆）「如水病死後、男茂が相続して荘内へ下り、戊辰の役、関川口にて戦死した。」

○道中目附

府内浪人　石坂順〔周造〕宗　三十二

（朱筆）「石坂は山岡鉄舟および高橋泥舟とは義兄弟である。清川八郎と意気投合して東奔西走し、池田徳太郎とともに獄に下され、大赦に浴して出獄後、もっぱら浪士募集に尽力し、一旦上洛して帰府。攘夷の軍資を名とし、市中の豪富より金銭を強請せしかどにて縛せられ入獄し、維新後再大赦に浴して出獄し、遠州相良、羽州由利郡の石炭採掘、石油の鑿井《さくせい》に従事し、一時利益を得たれども、間もなく失敗した。明治二十年後東京で病死した。」

阿波美馬郡貞光村　　村上俊五郎

（朱筆）「村上俊五郎も清川と提携し、国事に奔走し、石坂とともに浪士募集に尽力し、攘夷の軍資金強請のため、石坂と同じく獄に下り、維新後大赦に浴し、爾来《じらい》松岡万とともに放浪生活を続けていたが、その後の消息未詳。」

水府浪人　　芹沢　鴨

（朱筆）「浪士組東帰と決するや、清川に反対し京都に居残り、近藤とともに新撰組を組織し、勢力近藤に下らざりしも、品行正しからず、我意を逞《たくまし》うし、終に近藤・土方のために暗殺せらる。」

水府浪人　　糟谷新五郎

　　木村久之允

荘内　石坂・村上等ともに獄に下る　　白井庄兵衛　三十四

最上浪人　　和田理一郎　四十一

同　清川八郎実弟　　斎藤熊三郎　二十六

備後御調郡綾目村　　◎山口三郎　三十一

奥州中村　　草野剛蔵　二十二

上州伊勢崎　武田彦一郎
上州安中　武井三郎
上州新田郡大原本町　岡田盟　四十二
奥州中村　西恭助　二十二

○狼藉者取押役

越前浪人　◎中川一
上州高崎　◎片山庄左衛門　二十九
摂州西成郡山谷村　◎大島一学
武州多摩郡新堀村　中村定右衛門　三十三

○道中世話役

武州高麗郡赤工村　山川達三　三十二
山角四郎兵衛元家来　岡田小平太　四十三
甲州八代郡白井川原村　角田五郎　三十
同〔武州高麗郡赤工村〕　福永正蔵　四十

同〔同〕　山川竹蔵　二十八

奥州三春〔同〕　岡田助右衛門　二十九

甲州山梨郡下於差〔於曽〕村　田辺富之助

○取締役手附

小倉内蔵之允元家来〔小倉藩士〕　河野音次郎　三十二

上州伊勢崎　石倉久七　四十

上州碓井郡藤塚村　佐々木三治郎　十五

甲州山梨郡国府村　辻隆助　十九

○遊軍

板倉主計頭家来　武井二郎〔三郎〕

上州伊勢崎　武田弘〔彦一郎〕

○一番

武州大里郡甲山村　小頭　根岸友山　五十五

（朱筆）「浪士募集の際、二〇名ばかりを率い来たるも、帰府後感ずるところあって脱退、帰郷せり。甲山《かぶとやま》近傍の徳望家にして博学、詩文を好み温厚篤実をもって衆脱服せり。」

勢州松坂浪人　家里次郎　二十五
武州調生〔羽生〕村　清水五〔吾〕郎　二十八
筑後久留米浪人　中村又太郎　二十五
武州比企郡金谷村　大川藤吉郎　二十七
武州比企郡大塚村　田口徳次郎　三十二
武州忍　遠藤〔内〕丈庵　二十五
武州秩父郡野上村　堀田大輔　三十六
甲〔内〕州都留郡小沼村〔江戸〕　殿内義雄
上総武庫〔射〕郡森〔甲州都留郡小沼村〕　渡辺彦次〔三〕郎　二十一

○一　番

房州平郡亀ケ崎〔原〕　小頭◎山田官司　三十九
武州大里郡小八ツ〔林〕村　清水小文次　四十八
武州比企郡大谷村　勝田芳蔵　二十二

房州平郡羽尾村　吉野唯五郎　二十九
武州大里〔横見〕郡抽沢村　高橋菊之丞　二十二
武州比企郡平打〔ママ〕村　◎村田新蔵　二十五
武州埼玉郡羽生村　◎湯本半蔵　二十九
甲州都留郡上暮地村　分部再輔　三十二
武州忍浪人　吉羽三郎
同〔甲州都留郡上暮地村〕　早川文太〔太郎〕郎　二十八
同〔ママ〕　吉羽陽四郎

◯一番

武州大里郡高本村　徳永大和　四十
同〔比企郡〕志賀村　◎水野倭一郎　四十
同〔比企郡〕小川村　◎千野卯之輔　四十八
同〔大野郡〕甲〔ママ〕山村　大木九左衛門　四十
武州比企郡広尾〔ママ〕村　清水準之助　二十七
同　上横〔ママ〕内村　◎内田柳松　三十

武州比企郡上横田村　松木為三郎　二十一
同　高谷村　山岸金十郎　二十八
武州児玉郡本庄宿　戸田〔谷〕浦次郎　二十六
武州比企郡上横田村　荒木〔井〕庄司　二十二

○弐番

上州伊勢崎　武田本記
上州佐位郡木島村　高橋亘
同郡　伊与久村　◎深町矢柄　三十三
同郡　大原本町　◎立花常一郎　二十二
同〔新田〕郡伊与久村　◎高橋市蔵　四十五
上州伊勢崎〔ママ〕　◎矢継右馬之允　四十六
上州群馬郡沼田　南雲平馬　二十七
上州新田郡大原本町村　◎町田政治郎　三十
上州那波郡田中村　武井十郎　三十三
上州新田郡久営〔久々宇〕村　橋場岩太郎　三十三

弐番

同郡上田中村　小頭　大館鎌三郎　三十九
上州佐位郡武士村加納遠江守家来　◎石原伊之助
同郡　境町村　斎藤文恭〔泰〕　二十七
同郡　茂呂村　新井久七　四十七
上州新田郡市〔野〕井村　◎吉岡谷蔵　三十
武州川越浪人〔ママ〕　◎小野沢平兵衛　四十三
同　大根村　石原嘉市　三十五
上州佐位郡伊与久村　◎粟田口辰五郎　四十四
上州佐位郡伊与久村〔ママ〕　青木谷五郎　三十五
武州忍浪人　土屋竹蔵　二十五

◯弐番

上州新田郡村田村　小頭　黒田桃眠　二十六
同　矢島村　河原孝助　三十二

上州佐位郡境町村　菅〔管〕俊平　二十六
同〔新田〕郡村田村　石原熊太　二十
同　大川与市　三十九
同　浜野佐市　三十八
同　矢〔ママ〕島村　野村彦右衛門　四十八
上州那波郡連取村　◎森村藤〔ママ〕之助
武州横見郡高木〔ママ〕新田　◎杉山竹〔ママ〕吉　五十
名古屋浪人　府内相生町住　伊藤亀之進

◯三　番

（朱筆）「前役付にあり、再出」　小頭　近藤勇
（朱筆）同上」　西恭助
仙台浪人　（朱筆）「壬生前川方にて切腹」　山南敬輔　十八
姫路浪人　（朱筆）「壬生八木方にて近藤一味のため殺さる」
平山五郎　三十五
小田原浪人　長倉新八

(朱筆)「長倉は後に杉村義衛と改名、大正四年一月五日まで北海道小樽に生存しておった。新撰組に関する事実は、氏の談話記録が事実の真想《(ママ)》を穿っている。」

水府浪人　野口健次　二十一

伊予松山浪人　原田左之助　二十四

(朱筆)「江戸本所猿江町神保伯耆守《ほうきのかみ》邸(俗に夜鷹小笠原)にて鉄砲傷化膿して死す。」

武州多摩郡石田村　土方歳三　二十九

(朱筆)「前段近藤勇の記事に述ぶれば略す。」

御府内浪人　藤堂平助　二十

(朱筆)「京都油小路において斬殺せらる。」

水戸浪人　(朱筆)「八木方にて危機脱出」　平間重助　四十

白河浪人　沖田総司　二十二

(朱筆)「江戸浅草松本良順方にて病死。新徴組沖田林太郎実弟。壮年の剣客として名あり。近藤勇の門人なり。」

◯三　番

水府浪人　小頭　新見　錦　二十八

（朱筆）「水戸浪人は芹沢鴨の伴いたるもの多く、近藤に服従せざるため段々除かれた。新見も祇園の貸座敷で近藤派から詰腹を切らせられた。」

府内浪人〔ママ〕　小林助松　四十三
武州埼玉郡蒲村〔ママ〕　加藤善四郎　四十五
熊本浪人　本多新八郎　三十五
武州多摩郡日野宿村　中村大吉〔ママ〕郎　二十四
武州八王寺〔子〕同心松五郎倅　井上源次〔三〕郎　三十五〔三〕
武州多摩郡日野宿村　◎馬場兵助　二十四
武州八王寺同心惣兵衛弟　佐藤房次郎　二十八
白河浪人　（朱筆）「総司実兄」　◎沖田林太郎　三十八
武州埼玉郡芋茎村　◎小山信一郎　三十一

○四　番

野州足利郡江川村　小頭　斎藤源十郎　四十一
曲淵甲斐守家来　◎仁科五郎　二十九
熊本浪人　吉田〔村〕魁一　三十九

伊予大洲浪人　◎井上忠太郎　二十九

越前福井浪人　坂井友次郎　二十九

野州足利郡小俣村　大須賀友三郎　五十一

同　閑〔ママ〕馬村　長島〔ママ〕吉　二十四

同　桃〔ママ〕崎村　長〔ママ〕伝治郎　二十四

城州天城山　◎高橋丈之助　三十一

府内浪人　勝野保三郎　二十五

◯四　番

土井備後守元家来　青木慎吉郎　三十

野州足利郡小〔ママ〕俣村　石井新五右衛門　四十三

野州　大〔ママ〕崎村　岡田権左衛門　四十二

同郡　葉鹿村　栗原真三郎　三十一

上州前橋　（朱筆）「糴坂下邸より脱走」　園部為治郎　二十

武州飯〔ママ〕塚村　◎小沢勇作　二十

上州京〔市〕場村　広田光三郎　三十一

同　佃村　角田五郎兵衛〔ママ〕　三十六
越前敦賀郡新田笹屋村　吉田五郎　二十五
土岐山城守元家来　原周碩　三十一

○四番

武州　小川下村〔ママ〕　小頭　松沢良作　四十一
武州　小川下村〔ママ〕　新井敬一郎　四十
同　寄合〔居〕村　飯野清三郎
同　蒔〔ママ〕田村　田島陸奥　二十五
同　◎大野喜右衛門　三十五
同　小林長次郎
同　中島政之進　二十六
上州　下新田村　下山芳松
野州　成田村　川上権十郎
同　本田村　◎滝川熊之進

○五　番

甲州本柳村　小頭　山本仙之助　三十七

（朱筆）「山本仙之助は甲州の博徒「祐天」。文久三年の秋、千住小塚原の妓楼で同士大村龍男のために斬殺された。それは龍男の父と縄張争いの結果、龍男の父が祐天のために殺された。その仇討で同士藤林鬼一郎が龍男の助太刀をしたが、人違いであるということで、大村と藤林は入獄した。」

柏原浪人　谷　右京　六十三

忍浪人　藪田幾馬　三十七

細川玄蕃頭元家来　関口三千之郎　二十二

三州吉田浪人　◎原田儀助　二十三

甲州菱山村　◎内田佐太郎　三十二

同　藤井村　◎若林宗兵衛　二十八

同　（朱筆）「藊坂下邸にて切腹、断絶」　石原新作　二十三

同　西田〔ママ〕村　千野栄太郎　二十二

甲州　森〔ママ〕村　◎大森浜治　二十三

○五　番

甲州今福村　　小頭　森土鉞四郎
播州　林田村　◎山本左右馬　四十三
常州笠間浪人　◎三村伊賀右衛門　四十二
松枝仙庵元家来〔ママ〕　◎伊藤滝三郎
庄内浪人　◎鈴木栄之助　四十一
会津浪人　吉田小八郎
内藤金次郎元家来〔ママ〕　◎佐々木周作　二十五
豊州浪人　◎玉城織衛

○五　番

野州　福淀〔ママ〕村　小頭　村上常右衛門　三十五
（朱筆）「村上は断片録に記述したる黐坂下邸標木の件につき入獄。」
勢〔予〕州　新谷村　◎吉田庄助　三十六
尼崎（尾州）浪人　市岡重太郎　二十五

福井浪人　◎中追太助　四十
信州　森村　◎島田利三郎　二十六
館林浪人　〔贅〕熱田省吾　二十六
上州　市ノ井村〔贅〕　高木泰運　二十八
城州京師浪人　新井式部　十八
上州　市ノ井村　高木平三右衛門　四十五

○六番

（朱筆）「再出」　石坂宗順　周造　三十二
上州太田　（朱筆）「石坂宗順義子」　◎小倉宗伯　二十一
奥州中村浪人　鎌田昌琢　二十九
常州　宍倉村　◎古渡喜一郎　二十一
肥前長崎浪人　藤本昇　四十一
（朱筆）「藤本は攘夷軍用金強請事件のため、石坂・村上等とともに入獄。」
下総　十三間堂村　小倉善右衛門　四十一
同　神崎村浪人　寺田忠右衛門　三十四

武州　大谷村　勝田宗達　二十七
館林浪人（朱筆）「後軍太郎、三士切腹の一人〈実弟巳之松、庄内下り〉」
◎羽賀忠次　二十二
信州矢沢浪人　上〔村〕林藤平　二十六

◎六　番

（朱筆）「再出」　小頭　村上俊五郎
下総植房村（朱筆）「村上俊五郎義子」　◎椿佐一郎　三十
◯（朱筆）「湯田川村より脱走、暗殺せられたるとの説あり。」
〔城〕武州洛西　辺見米三郎　二十五
〔城〕川越浪人　◎長屋玄平　二十九
摂州麻田浪人　田中範也　二十六
武州　黒須村　小島〔恒〕桓太郎　二十一
川越浪人　横山明平　三十一
武州　黒須村　〔細〕畑田市蔵　三十四
上州　原市村　真下左京　二十一

阿州浪人　　　　　　　　　　　　　　　　　柏尾右馬之介

（朱筆）「柏尾右馬之介は千葉周作の門人にして、剣道は天下の名人なりと称せらる。新徴組と命名せられ、酒井家へ御委任後、飯田町黐坂下邸に入り、二番組肝煎役となり、剣道教授方たり。常に撃剣の稽古を欠席せしことなく、市中見廻りも欠勤したることなきも、戊辰の一月以来肺疾に罹り、回復の見込みなく、止むなく願の上暇を賜り江戸に残りたるも、いくならず病死せり。舎弟伊東虎太も剣客たり。庄内に下り戊辰戦争には奮闘せり。稲田隼之助が脱走せし当時、追跡して最上山寺にて稲田と戦い、手疵を負いしも一か月ばかりにて全癒す。明治五年瓦解後、東京に寄留す。」

○六　番

上州　神戸村　　　　　　小頭　金子龍之進　正玄　二十八

武州　蓮沼村〔六〕　　　　　　　塚田源三郎　二十八

上州　六原村　　　　　　◎中沢良之助　二十七

同　　米野村　　　　　　◎今井佐太夫　三十八

喜連川浪人　　　　　　　　大　村　達　尾　十九

（朱筆）「前段山本仙之助の項に述ぶるが如く、仙之助を斬殺して入獄せり。「達尾」の二字相違あるも原本のままとす。」

尾州浪人　◎稲熊力之助　二十四
上州荻〔宝〕原村　前川太三郎　四十
同　穴沢村　石原辰三郎　二十七
同　神戸村　◎長沢千松　十七
同　草木村　高瀬忠三郎　三十

○七番

肥前佐賀浪人　宇都宮左衛門　四十
野州　小俣村　藤本岩〔ママ〕吉　三十五
野州　渋川宿　高橋常〔ママ〕吉郎　四十七
紀州和歌山浪人　◎住山濤一郎　三十九
加州金沢浪人　杉本安道　四十六
野州　小俣村　上杉岩吉郎
甲州　下井尻〔曽〕村　依田熊弥太　二十
同　下於差村　田辺富之助

甲州　東原村　雨宮仁一郎　三十八

同　下於差〔曽〕村　◎内藤矢一〔三〕郎　四十五

○七　番

播州姫路浪人〔ママ〕　小頭◎大内志津馬　三十七

森伊勢守元家来　小林登之助　三十六

（朱筆）「小林登之助は浪士組を脱走し、別に浪士を集め、みずから隊長となって大砲組と称し、荘内藩へ御預けとなって、新整隊と改名した。登之助は、神田の自宅において暗殺せられた。」

上州萩新田村〔ママ〕　瀬間清之助　四十二

府内浪人　（朱筆）「鞘坂下邸より脱走」　川崎　渡　二十三

豆州下田　（朱筆）「小林登之助とともに大砲組に入り、暗殺せらる。」　志田源四郎　三十六

下総　並木　酒井寿作　二十一

駿州沼津　（朱筆）「鞘坂下邸より脱走」　岡田林兵衛　二十五

牧野兵部元家来　五島万帰一　二十六

細川浪人　◎柚原鑑五郎　二十八

○七　番

武州幡羅郡飯塚村　小頭◎須永宗司　三十一

（朱筆）「宗司病死後、長男宗太郎（武義）鶴岡より脱走、後陸軍中将に任ぜられ、昭和元年〔（一九二六）〕病死。」

信州松本浪人　◎庄野伊左衛門　三十二

福井浪人　◎瀬尾与一郎　二十八

甲州西後屋敷村　久保坂岩太郎　四十四

上州　伊〔佃〕久田村　青木平六郎　四十五

甲州上暮地村　◎分部宗右衛門　三十九

水府浪人　神代仁之助　二十五

仙台浪人　鈴木長蔵　三十

甲州　小沼村　◎高尾文助　三十三

第二節　新徴組田川温泉場寄宿帳

○宿　隼　人

新徴組役所にして頭取・取扱のなか、一人ずつ鶴岡より十日間交代に勤番せしものなり。

壱人　先代虎蔵死後相続、養子、後英士と改む。

●○喜　瀬　十　松

○宿　七兵衛

壱番組肝煎　◎　分部宗右衛門

戊辰戦役の際、村山郡御預地代官を命ぜられ一〇〇石を賜い、御家中組となる。

養子　●　彦五郎

壱弐番組肝煎取締　慶応二年に一〇〇石を賜う。

◎　山　口　三　郎

戊辰戦役、奥羽の各藩へ使命を帯び、のち最上農兵の頭となり、六十里越の守衛として官軍と戦い、のち大泉藩大属を拝し、昌平邸に在勤す。そのほかのことは「断片記事」に述べたり。

○荒井縫右衛門
長男 ●初め音治、壮蔵
壱番組小頭　重患のため戦争に出陣せず。
○山本武右衛門
○片平八郎
長男 ●太郎
●◎馬場兵助
●○古屋常三郎

○宿　彦右衛門

●◎大川藤吉郎
●◎立花常一郎
初三郎 ●○尾崎恭蔵

明治五年（一八七二）脱走、追跡せられ帰国の途次自殺。
楽隊　先代哲之助長男　○　馬場啓次郎
○　中村喜内
先代如水二男　◎●　佐々木　茂
如水長男悌次郎は父とともに庄内口に至り、関川戦争にて打ち死にし、舎弟茂相続。
先代弁蔵長男　●◎　杉山音五郎
初め源蔵　●◎　長屋玄平

○宿　**孫左衛門**
●◎　町田政治郎

○宿　**久　内**
●◎　吉岡谷蔵
壱番組小頭　剣術世話役　●◎　中村又太郎
学問教授　●◎　粟田口辰五郎

○宿　重　助

○横森武太夫

●○黒井卓一郎　弐番組小頭

●○手塚　要人　三番組小頭　槍術教授方

●○薗田　幸助

○宿　惣　八

●◎鈴木菊次郎

○宿　靱　負

●○満岡　三郎　先代元司養子

●◎沖田林太郎　沖田総司実兄なり。

●◎佐々木周作

●○操　　正司

●○中村健次郎

○宿　理次郎

四番組肝煎　剣術世話役　病気、出陣せず。

○大津彦太郎

●○浅　井　六　郎

戊辰戦争当時、越後地方探索の任務を帯び出張〈石原多門隊に附属す〉。

出張　○◎内　田　柳　松

●○古　川　軍　三

先代伊賀右衛門長男　楽隊　のち将太郎と改む。

◎三　村　将　之　助

先代宗司長男　楽隊　◎須　永　宗　太　郎

壱番組小頭　●○中　村　錦　三　郎

維新後、本庄陥落の戦功により召し出さる。〔清水〕小文治隊

辻　　真　太　郎

○宿　左之助

学問教授方　○桑原玄達

○**宿七内**

◎先代志津馬養子　戦功により〔清水〕小文治隊より

大内魁一郎

四番組小頭より、柏尾〔右馬之助〕の後任として二番組肝煎

●○渡辺平作

四番組小頭渡部平作後任

●◎原田儀助

●○楽岸寺幸馬

●○萩原銀太郎

●○粕谷小平太

●○関口七郎

●○萩野良造

壱番組小頭　剣術世話役

●◎中沢良之助

○◎古渡喜一郎

○◎小林熊之助

○宿　久左衛門

○藤井健助

長男　●幸三郎

◎先代謹助養子　●矢継亀三郎

初正之助　●○住谷三郎

●○小沢信十郎

○宿　惣兵衛

○清水恵造

養子　三郎

先代慶助長男　●○小松六郎

先代七之助養子　●○内藤銀之助

六番組小頭　●◎小山僖一郎

戊辰戦争の際、越後地探索として出陣〈石原多門附属〉。

出張　○○中山武助

○宿　善右衛門
五番組肝煎　剣術教授方　●◎玉城織衛
戊辰戦争の際、越後地方探索として出陣〈石原多門附属〉。
○◎柚原鑑五郎
明治五年自殺、断片記事に述ぶ。
後寛吾　●○桂田虎之助
弐番組小頭　槍術教授方　◎山本荘馬

○宿　与惣治
●○井上政之助

○宿　治部
三番組肝煎　●○仁科五郎
◎安田平兵衛
長男　●円次郎

剣術世話方　●○　小堀大太郎
先代喜間多養子　●○　片山誠之進
三番組小頭　脱走、追跡せられて最上山寺村において自殺。
●○　稲田隼之助
先代槌太郎長男　●○　石原元三郎
弐番組小頭　●○　奥秋助右衛門
●○　山田　貢
先代四郎左衛門養子、小堀大太郎実弟　●○　中島銀次郎
●◎　深町矢柄
本荘城陥落の功により召し出さる。
柴田小文治次男　柴田雄蔵

○**宿　由右衛門**

●○　秋山直之進

○宿　**野左衛門**

●○山田精策

●◎稲熊力之助

○岩間小次郎

先代清四郎長男　楽隊なれども進んで出陣、小名部口において打ち死に。

○宿　**杢兵衛**

●○高田都〔徳〕三郎

長男　●錦一郎

楽隊　○藤井小十郎

●○矢島武兵衛

●○光沢小源太

●◎大野喜右衛門

○宿　**幸四郎**

四番組小頭

●○関口徳司

●○関根和三郎

●○萩原常吉

剣術世話役

●◎小沢勇作

○**宿　作右衛門**

●◎高橋丈之助

○**宿　長右衛門**

●◎中追太助

四番組小頭

●◎鈴木栄三郎

先代藤之助実弟、幼少

○森村玉記

のちに松弥

●◎長沢千松

○**宿　九兵衛**

六番組肝煎　後一〇〇石を賜う。出張

●◎中川一

六番組小頭　　　病気　◎○　村田新蔵
　　　　　のち肝煎　○●　萩谷弥太郎
先代軍太郎実弟相続　幼少　◎　羽賀巳之松
先代官司長男　幼少　◎　山田文太郎
山田寛司は三四番組肝煎取締、剣術教授方、一〇〇石〈本高八〇石、役扶持二〇石〉。
戊辰八月不都〔合〕のかどあって入獄せられ、獄死す。跡目断絶。
　　　　○●　遠山左貫太
　　　　○　小倉発之進
先代常右衛門長男　幼少　○　中村安太郎

○宿　多右衛門

三番組小頭　槍術教授方　妙技と称せらる。
　　　　○●　富田右覚
　　　　◎●　住山濤一郎
　　　　○　大熊領兵衛
弐番組小頭
　　　　長男　◎　敬助

先代謙輔長男　●○飯塚謙一郎

○**宿　彦兵衛**

五六番組肝煎取締　◎吉田庄助

五番組小頭　◎大島　学

長男　久吉

○山口昇兵衛

○小林守之助

○清水吾市

本藩部屋住より召し出さる。　根津文蔵

◎湯本逸蔵

○**宿　五右衛門**

五番組小頭　●◎庄野伊左衛門

剣術世話方　●◎井上丑太郎

○宿　甚　内

四番組小頭

●◎瀬尾権三郎

●◎島田利三郎

●◎高尾文助

●○中沢新蔵

●◎高橋市蔵

○宿　五郎右衛門

六番組小頭　剣術教授方　明治五年故あり自殺。

先代八郎右衛門長男

●○天野静一郎

●○桜井粂之進

●○相原竹雄

●◎今井木曽八

●○関根一作

○宿　**半三郎**　●黒田村司

○宿　**与右衛門**　◎水野倭一郎

五番組小頭

戊辰戦役、小名部口にて負傷、後死亡。

長男　●金三郎

剣術世話役　●金子蔵治郎

楽隊　長男　桂治郎

●和賀立司

○宿　**角右衛門**　●○大森浜司

◎○鎌村時之助

石坂宗順義子　◎○小倉宗次郎

○宿　三太郎
◎○若林宗兵衛
●○名久井三蔵
●◎内田佐太郎

○宿　茂右衛門
六番組小頭　のち東と改名
●◎石原伊之助
●○千葉弥一郎

宿　又右衛門
●○高橋清吾
先代滝三郎養子
●◎伊東民三郎

右は新徴組間数木賃代金くだされ、五月分宿々明細取り調べ書き上げ申し、かくの如くござ候。以上。

午五月　肝煎　七　内

同　　　　　由右衛門

五月十四日より六月十三日まで日数三十日分の木賃なり。

第三節　新徴組別名　和田助弥自筆の横折帳

一、この横折帳を按ずるに、文久三年（一八六三）四月十四日以後、酒井家の御委任になりたるより、九月五日飯田町黐坂下へ新徴組の邸を賜り、修繕なって引き移るまでのあいだ、五、六か月は幕吏と荘内藩士の双方より立ち会い取り扱いせしものなれば、そのあいだ伍々の組に編成したる、もっとも初めの名簿なるべし。

ゆえに、上洛せしものと留主中江戸にて募集せしものとを合併して、整頓せしものなるべし。初めに出役と肩書きあるをもって見るも、その事実を証し得べし。

一、別冊上洛せし浪士名簿中、◎印を付したるは荘内へ下りたる者なり。田川温泉に寄宿せし人名中○印の人名は本帳名簿に含蓄するものにて、それ以外本帳名簿の人名記せば、左の如し。

入獄

加治新吉郎
石川弘治
松下誠一郎
稲垣藤五郎
久保木甫
吉岡卓雄
加藤為右衛門

加藤為右衛門脱走後、長男精策を山田寛司の養子として、山田の姓をもって召し出されたるものにて、湯田川宿泊名簿の山田精策なり。

城越重吉

出奔

西恭助

出奔

酒井与三郎
小田切半平
川崎渡
渋谷精之進
西東蔵

常見一郎
高橋亘
岡戸小平太
石原鍛　麴坂下邸において自殺、断絶
坂本周作
藤本広助　青木弥太郎の同類として入獄　庫之助改め
乾田紀　家事都合のため、願により暇を賜り、帰国
小倉大平
出羽栄助
石原新作　麴坂下邸で自殺、断絶
渡辺伝吉郎
武田弘
小林団右衛門
横森信之助

佐藤久米
吉野唯五郎
伊東十郎
小松弾六郎
森土鉞四郎
勝田芳蔵
小沢定四郎

小沢定四郎は新宿の妓楼において乱暴を働き、廻り先にて本藩士辻正一郎に斬殺せらる。

一色次郎
市岡重太郎
青木庫次郎
田辺富之助

黐坂邸標木一件につき入獄

中村定右衛門
三上七郎
上杉岩太郎
林翰次郎

麴坂邸にて願により暇、帰国　小野道太郎
千野卯之助
渡部彦三郎
杉本源馬
曽根半右衛門
本多学之助
石原富蔵
田口徳次郎
土屋竹造
永島甲一郎

麴坂邸標木一件にて入獄　鯉淵太郎

庄内へ引き移りの際、出奔　大島百太郎
同上　早川太郎
同上　園部為次郎
同上　吉岡太松

以上の五八名は酒井家へ御委任後、新徴組の者たりしが、その後散乱せし動静を記す。

第四章　新徴組と庄内藩雑話

第一節　慶応三年（一八六七）秋　忍び廻りの開始

慶応三年〔（一八六七）〕の秋になって、世の中が追々不穏に傾いて来たので、忍び廻りというものが始まった。本藩からも撰出されたが、新徴組からは三〇名選抜されて、一組を五人として六組に分かち、一夜二組ずつ本隊の廻る場所へ前後して行くのである。忍び廻りは変装するも勝手次第で、時として脱刀して町人風に装うたこともある。五人は各自呼子《よぶこ》の笛を携えておる。一人ずつの間隙《かんげき》は約一丁（約一〇九メートル）ぐらいを程度とし、何かことある時は呼子を吹いて集合するの規定であった。合言葉も極めてある。

第二節　慶応三年（一八六七）十月　猿若町酒屋強盗一件

〔慶応〕三年〔（一八六七）〕の十月（日は失念）、吉原方面へ廻る途次、大雨となったので、浅草の猿若町一丁目の自身番に休憩して夜中の弁当を食しておった。その時一丁目芝居小屋の裏通り、角《かど》の酒屋から店員が走って来て、ただいま強盗が抜刀で這〔入〕りましたから、御届けしますとのことであった。「そら」というのを食器を抛《なげう》って、素足で駈け附けた。その時の組は小頭中沢良之介・立花常一郎・大島百太郎・中村健次郎・千葉弥一郎の五人であった。折りしも暴風雨で、暗夜咫尺《しせき》を弁ぜず、酒屋に行っ〔た〕ところで店内が暗〔闇〕である。途端に摺れ違いに表へ駈け出して遁れた者があったが、表におった中村健次郎が追跡して、後ろから一刀突いた。倒れたところを二の刀をあびせた。それでも逃げた。店内には賊がおらぬので、五人とも集合した。

ところで、中村の咄は前の通りである。それから灯《あかり》を点じて中村の刀を調べたるに、切先より一尺（約三〇センチ）〔物〕ばかり下に折れ、人ばかりの疵《きず》がある。切先には血がたっぷり附着しておる。その刀は和州者で立派な刀であったが、その疵が不審にたえぬ。誰も考えがつかぬ。しかし、突いたことは疑いない。重傷に相違ない。遠く逃げられるはずがない。とにかく一旦、自身番へ引き揚げて近傍を探して見ることにした。

十一時頃でもあったろうか、自身番へは町役人も集り来て、それぞれ手配したところへ再び届け出た者がある。「ただいま、私の店先で唸《うな》っておる者がある」とのことで、すく駈け付けて見ると、酒屋から一丁ばかり隔てた横丁に倒れておった。

それから戸板で自身番に運搬して見たところ、大坊主であって、背中に長さ一尺ばかりもある大鉈《おおなた》を負うておって刀疵がある。背中に突き疵もある。検してのち初めて中村があびせた二の太刀は鉈を切り附けて、それで刀が折れたのであることが判明した。腰には一刀を帯びておって関の業物《わざもの》と見受けた。何者なるかを尋ねても返事をせぬ。ただ「水をくれえ、くれえ」というばかりで、何を聞いても答えをせぬ。二時間ばかりで絶命した。

翌日、五名の者に左の辞令が下った。

昨夜猿若町にて強盗の注進これあるみぎり、早速駈け付け暗夜の働きいささか〔も〕不都合これなし。格別に思し召めされ、別紙目録の通り御賞与下げ賜り候こと。

一、扇子　　壱封〈御紋付〉　　金三百疋ずつ

中村健次郎は一人扶持加増、ほかに刀剣料として金五拾両。

ちなみにいう。酒屋の店内が暗かりしは強盗が這入った時、「騒ぐと殺す、逃げても表に二、三人おるから駄目だぞ」と恐喝した。自身番に廻りがおるとは夢にも思わないところへ、ドカドカと表より這入ったため、同類が這入ったと思うて灯を消したとのことが判明して大笑いした。

過ちの功名ではあったが、三座のある猿若町のことゆえ大評判となり、「酒井様の御廻りの敏活なるには、実に驚き入る」と評判が評判を伝えて、すこぶる好評を博したことがあった。

第三節　慶応三年（一八六七）十一月二十三日
表二番町旗本徳永帯刀《たてわき》屋敷白昼強盗一件

それから少し後日〔慶応三年十一月二十三日〕であった。番町〔表二番町〕の徳永〈姓名失念〉〔帯刀〕という千石〔ママ〕ばかりの旗本へ、白昼多人数の強盗が押し入り、主人始め家内の者を縛して、土蔵の中へ押し籠《こ》め、一家を掠奪して起居しておるということを町奉行で探知したが、手が附られんとのことで、酒井家へ召し捕え方を依頼になった。それから三番の一組が召し捕えに向かった。

すると強盗の首魁たる者の倅で、小天狗という綽名《あだな》のある十九歳の若者が、たちまち抜刀して切ってかかった。何とか生け捕りにすべしと山田貢が抜刀を正眼に構えて一歩一歩追い詰めたが、彼が有する刀は二尺（約六〇センチ）余で室内の切り合いには〔不〕便利のため、貢は危嶮を感じたため、止むなく斬殺した。

そのほかは召し捕った者七名で、町奉行に引き渡した。貢はその功により一人扶持が加増した。新徴組の者に対する加増は一人扶持が例である。〔戊辰〕戦争当時も敵を打ち取りたるものは、やはり一人扶持の加増を受けた。

第四節　慶応三年（一八六七）十二月　新徴組非常詰の開始

その後〔慶応三年〕十二月の始めから、非常詰というものができた。これは新徴組から毎夜一組ずつ神田橋の本邸内にある武術の稽古場を屯所として宿直して、非常に備えておったのである。薩邸焼き打ちの後に廃止された。

第五節　組士山口三郎より聞書

長屋玄平の山口三郎評

大槻如電翁の「幕末の浪士」と題する筆記中、「新徴組のことなら山口三郎という者に聞け」といわれたと書いてある。もし山口が存命しておったら、如何にも新徴組の事績は詳細に聞くことができたであろう。惜いかな、黄泉の人となった。それで老生が、山口三郎より聞いた話を断片的に左に記す。

山口三郎が恩人としておった新徴組の長屋玄平は、老生の実父と同じく武州川越の藩であって、老生とは姻戚関係があった。玄平は三郎を信頼しておったため、玄平との関係より老生も三郎とは至って親しく交わったが、先輩として慎んで話を聞いたのである。

山口三郎は備後の浪人で、浪士募集の前年〔文久二年〕川越に来て、長屋玄平の家にしばらく世話になっていたようである。浪士募集の令を耳にし、両人手を携えて募集に応じたのである。三郎は終始玄平を恩人としておった。

玄平の直話によると、三郎は玄平の宅にぶらぶらしておる時分から、すべての言行が非凡であった。「人世零落しても、何とか人の上座にありたいと思うが、それには坊主か医者よりほかにない。坊主は葬式の時は誰よりも上座する。医者も病家へ招かれると誰よりも上席する。しかし、坊主になって一か寺の住職になるのは容易でない。よって坊主は駄目だ。僕は医者になろうと思う」と咄した。

玄平は問うた。「君は医学をやったことがあるか」と。三郎いわく、「医学は少しも知らぬが、医者になるのはむつかしきことはない。病人というものは十中の九まで医薬で癒《いえ》るのでない。寿命があれば薬を用いずとも癒るものだ。医者として腹の下るのを止めるのを覚えておればたくさんだ。明日からやって見ようと思う」といって、翌日医者の看板を掲げた〈今日なればできないが、その頃は別に試験もなく、免許も入用でない〉。

その時、俗に「金時コレラ」と称する病気が流行して来た。三郎はわれに開運の吉兆ありと喜んで、薬種屋から風薬《風邪》のような薬をたくさん買い込んで来て、近郷近在の者へ施薬した。薬の効能があろうはずがないが、不思議にもその施薬を呑んで全癒した者がたくさんある。その評判高まって、三郎の評判はえらいものになった。豪農・富商の家の大病人も三郎の診療を受けるようになった。四方八方から招待された。それで金を儲けた。

しかし、彼は一時の奇策で長く続くものとは思わぬから、幸い浪士の募集を機会に廃業して出京《府》した。両刀はもちろん、衣服も買い求めて、なかなか立派な風をして浪士組へ加入した。奇才に長じておって、浪士中でも頭角を顕し、道中目附であった。

ちなみにいう。池田徳太郎とは互いに信頼した仲であった。徳太郎は八郎との交誼はいわゆる艱難の友であったが、上京以来〔清河〕八郎の行動が余り過激であって、反対の意見をもっておった。かつ浪士組の一般に対し前途の見据えがつかぬので、母の病気を名とし、敬して遠ざけ帰国した。

三郎は清川八郎とは大いに意見を異にした。三郎は攘夷、ところが熱心な開国論者である。浪士が攘夷説を唱うるなかで、密かに蘭学をやった、砲術を学んだ。危険だから公然口には出さぬが、玄平などに対しては隔意なく物語った。「攘夷だの、鎖国だの、阿呆者の寝言だ」と罵倒しておった。

井伊直弼評

三郎と玄平は意気投合の間〔柄〕であったが、三郎は井伊直弼《なおすけ》を日本の救世主と仰いでおった。井伊がなければ、日本もどうなったか分からん。支那の轍《てつ》を踏んで欧米人から国土を裂かれたかも知れぬ。皇室の尊厳をも汚されたかも知れん。

しかるに世人は、井伊をして北条・足利と同一視しておる。思わざるもはなはだしき奴ばらだ。井伊が皇室に対し我意を逞《たくまし》うしたることあるが、彼は徹頭徹尾日本国を憂えた。真の尊王家である。和の宮の降嫁を云々するものあれども、彼は公武の合体を企望したのである。北条や足利の如く天皇を隠岐《おき》に流し、佐渡に流したる不臣の行いは少しもない。天皇に譲位を勧めたこともない。死ぬまで皇室を重んじておった。

条約の締結に対し違勅の責めを彼に負わしむるも、それは時勢を看破せざる盲目者流の言うことだ。勅許を強いて得んとすれば、不平の朝紳は浮浪の徒と結び、我れ事なれりとますます勅許を遮るに相違ない。井伊も勅許を得んと題し、決して等閑にはせぬ。閣老〔老中〕間部下総守〔詮勝〕を上京せしめ、関東の事情を奏問〔聞〕せしめしも、上聞に達せず。そのなか各国との交渉は時機切迫し、捨て置かれぬ場合より、国家のために断念し、朝紳を幽閉し、水戸・越前の二公も蟄居《ちっきょ》せしめ、安政の大獄を起こしたのである。井伊にあらずんば、この大英断を下すことあたわず。

そもそも攘夷・鎖港は〔天皇が〕天下の政治を御委任になった徳川幕府の制定せしところ、時世の大勢より鑑がみ、それを変更するのは当然の処置である。勅許にならぬのは、孝明天皇の叡慮ではない。不平朝紳と浮浪の徒が拒むのであって、尊王も攘夷もその名ばかりである。

井伊直弼は二男に生まれてしばらく僧侶となり、のちに井伊家を継承せしもので、閨中《けいちゅう》に育った大名とは違う。時世を看破して上下の事情に通じ、先見の明があって、当時得がたき公武の忠臣であると賞揚しておった。

ちなみにいう。先年横浜の野毛山公園へ井伊の銅像建築の議起こるや、山県有朋《やまがたありとも》を始め長州出身の貴顕中には極力反対者があった。百年ののち世論は如何に傾くか、もし山口三郎の意見通り井伊が輿論の占有者となったら、三郎や玄平は地下にあって定めし満足するならん。

小栗上野介評

山口三郎はまたこんなことを咄したことがある。井伊の遺志を継承し、開国論を極力主張したのは小栗上野介《こうずけのすけ》である。彼は薩長との開戦論を主唱し、慶喜より斥けられ、不遇の死を遂げたが、彼は公武に対する真の忠臣である。当時の大偉人である。大久保一翁や勝〔安房〕の如き物質的の人でない。

勝などは始め子爵に叙せらるる説を耳にして、（朱筆）「今までは並の男とおもいしに、五尺に足らぬ四尺（子爵）なりけり」と狂歌を詠じた。何たる物質的であろう、八万の幕臣に対し恥とも思わず、華族に列し高位・高官をもって得々たり。何故に高踏勇退野に下り、陰にあって国家のために尽さざるが、いわゆる売名の人というのほかなしと。

庄内藩閣老と田辺儀兵衛評

老生はある時、三郎に遠慮なく問うた。「君はえらい人だと思うが、余り悪口が過ぎはしま〔せ〕んか」と。彼は答う。「僕が悪口だというが、僕は人の真価を評するので、悪口でも何でもないよ。勝山権四郎か、あの男は兄の助弥より人物が遙かに上だよ。犬塚盛巍か、あれは枕草紙の殿様だ。紫の羽織紐をぶらさげて、床の間の前に座せしめて置くのが一番真価だと思うね。〔松平〕権十郎殿か、大量だが小事が分からん。あれでも困るねー。菅〔菅実秀〕か、器量人といえばよいが、利口だと評すれば適するだろう。誰がなんといっても、庄内藩の人材は田辺儀兵衛だ。あの人は奥羽の各藩におらぬ。思慮が深くて喜怒哀楽を色に現わさぬ。実に感服だ」〔と〕。

老生いう、「君は馬鹿に田辺ばかり毎々褒るが、田辺には悪口はありませんかね」〔と〕。

「それだから僕は真価を評すと咄しておるではないか。君の実兄が永島直之丞を斬殺した。翌日三人へ賞与を賜う咄があった。頭取・取扱一同賛成であったが、田辺一人は賞与を急ぐ必要はない。今度のできごとは幕臣どもからどんな論が出ないとも限らない。二、三日雲行きを見た方がよろしいと、松平親懐《ちかひろ》にもその意見を述べたそうである。果たして老中から厳達が出た。その時藩の重役は驚いたが、田辺は少しも驚かない。先見の明とはこれらをいうのだ」と咄した。

第六節　新徴組投獄記事

新徴組脱走連の司法省告訴

明治六年〔一八七三〕五月の下旬〔日は失念した〕、赤沢源弥ほか六名、酒田県より呼び出しが来た。何の用だか分からん〔当時告訴したこともまだ分からん時であった〕。早朝、六軒小路なる赤沢の宅に集り、荒町の橋下から別仕立ての船で酒田に下った。

船中で色々推測咄はあったが、赤沢も知らぬことゆえ、ほかの者が知るべきはずがない。午後一時頃、新井田橋の袂《たもと》に着し、すぐに上陸して県庁へ出頭して、広間に控えておった。その時庭前に新規の駕籠が七丁並べてあった。自分たちが乗せられるものとも知らず、何する駕籠だろうと咄合っておった。

やがて断獄課の中属上野晃が出て来た。にこにこ笑いながら座について、「皆さんに御気の毒だが、かようの達《たっし》が来た」といって、一通の書付を見せた（奉書に認めた立派なもの）。読んで見ると左の文言であった。

酒田県貫属士族

赤沢　源　弥

仁科理右衛門

萩谷弥太郎

石　原　束（東）

長屋　源〔玄平〕蔵

山口昇兵衛

千葉弥一郎

右の者ども、御不審の儀これあり候条、捕縛の上当省へ差し出すべく候こと。

月　日　　　司　法　省

それを見て、始めて脱走連が司法省へ告訴したのであるということが分かったのである。駕籠も分かって大笑いした。

東京司法省護送と収監

引き続いて上野中属のいうには、「護送として荒井鑑治ほか一名を命じた。捕縛の上とあれども、それらのことは護送者が心得て、不都合なきよう取り計らうはずだから、左のみ御心配には及ぶまい」とのことであった。

それから「大小その他懐中物などは、何れも東京の藩邸まで送附して置くことにすべし」といわれた。

県官の知己よりは、駕籠のなかで食する色々の品を恵贈してくれた。その日は清川泊で、翌日酒田県庁の管轄を離れて、山形県の管轄に入ったが、尾花沢に着したら「司法省行囚人宿」という札が下がっておった。

見物人は駕籠の左右に立ちて、口々に色々の噂を咄し合うておる。長屋玄蔵〔源〕が頭髪をあたかも坊主の如く短かく苅り込んでおったのを見て、ある一人は「あの坊さんの御寺に集って贋札を拵えたのだ」というを耳にした。食事の時にその咄をして一同大笑いをした。

食事後、護送者の荒井が来ていうところによれば、「山形県では司法省から達でもあってか、先触を発して宿所を極めてあるようです。左すれば、あらために来ぬものでもありません。万一来ましたら、この捕縄を袴《はかま》の上に巻いて置いて頂きたい。よって一と筋ずつ差し上げて置きますから、懐中しておってくれ」とのことであった。それから「そんなことはどうでも宜しいから、酒田県の不都合にならぬよう、護送者の不都合にもならぬよう遠慮なくして置け」というて寝についたが、誰も来なかった。それから先々も何時あらために来ても不都合なきように、銘々袴の上へ捕縄を巻き付けておった。

日数はしかと覚えておらぬが、出発してから十四、五日目に東京に着し、司法省の門内まで駕籠に乗った。その日は日曜であった。やがて広場に七人並んで待っておると、小使に椅子を持たせて来た立派な人が出て来て、一同に向い鹿児島弁で「申し渡す」と一言した。

酒田県で見たと同一なるものを読み渡し、「吟味中揚屋入り〔を〕申し付ける」というてすぐに立った。すると、後ろで「立てー」と大声を発するものがある。振り返って見ると、太き捕縄を一抱え持っておる。

荒井鑑治ほか一名は引き渡しが済んで、すでに帰ったのである。捕亡方でもあろう五人ばかりで一同を本縄にかけて、のち同行を命じた。赤沢・仁科・石原の三人は左の方に、萩谷・山口・長屋・老生は右の方に連れて行かれた。やがて黒塀のなかに入れられたが、その黒塀の門があく時ガラガラと高き音がして、閉まる時は一層強き音でガラガラビシンとの音とともに、錠前の音もビンとした。

それから檻倉を見受けるところに連れて行かれると、今度は看守が出て姓名を問い、帳簿に記入し、裸体にして身体検査を行うて入檻を命じた。すでに日が暮れて判然〔と〕せぬが、檻舎は十ばかり並んでおると見受けた。

萩谷は真先き一番檻に入れられ、老生は二番、長屋は三番、山口は四番という順序であった。老生檻房に入ったが、どんな人が何人おるかさっぱり分からん。一応挨拶をすると、そのなかの一人が各自寝についたから、明朝改めて互いに挨拶することにするから、まず寝につけとのことであった。素より寝具は何もない。木で拵えた箱ようの枕があるばかり。蚊もおったが、蚊帳はない。

入檻中の藤田東湖次男任との交流

翌朝六時頃起床したが、顔は分からぬ。少しのちに顔も分かり、五人であった。側の一人がある一人を指して、「この方はこの檻の房長である」というた。それから老生は姓名を名乗った。房長は藤田東湖の二男で、任という人であった。各自に姓名をいうて、互いに世話になることを言い交わした。

房長の藤田は、何の嫌疑で入檻させられたと聞くから、あらかじめを語った。「長の道中で身体に別条はないか」と、至って深切に問われた。「駕籠のなかで甘い物を食したためか、胃が少し悪いようです」と答えたり。「そんなら粥を食した方がよい」といってくれた。老生は「そんな我がままができますか」と再問したら、「何も差し支えがない、後刻看守が来たら注文する」というてくれた。

すぐに看守が廻って来た。藤田は看守を呼び止め、「昨夜入檻した千葉が胃病だそうですから、粥を一人前だけ願いたい」というた。看守は「最早時刻が遅れて面倒だ」というのであった。老生は気の毒を感じたから、藤田に断った。藤田は「決して差し支えない」というて、看守に対し「面倒でもぜひ頼む」というと、看守は「本人がよろしいというに、藤田お前が側《かたわ》らで請求せんでもよいではないか」と抗弁すると、藤田は勃として怒った。

「藤田とは何だ。僕は今に茨城県権典事を免ぜられておらぬ、奏任である。貴様は司法省の等外吏ではないか。藤田と呼び捨てにされるはずはない。かつ粥を頼むに面倒とは何だ。その方の職務ではないか。二度かようのことを申すと上申するから心得ておれ」とのことであった。看守は驚愕して謝した。粥も持って来てくれた。その時老生は藤田は茨城県の権典事であるということを知った。

それから前後三十日間、同房にあって朝から晩まで種々の咄をしたが、ひじょうな〔に〕深切な人であった。同人は茨城県の新県令渡辺清が赴任したる夜、城が焼けた。それは藤田等の所為であるという嫌疑で投獄せられたとのことである。

次の三番檻には同一の嫌疑で茨城県の典事岡本某が入獄しておった。長屋の同房であったから、後日長屋に聞いたが、なかなかの人物であったとのことである。当時司法省の嫌疑檻として、広沢〔真臣〕参議暗殺の嫌疑で、広沢家の執事起〔多〕正一、および妾の酒井〔福井〕かね、北海道長官、後の男爵園田安賢も入獄しておった。

当時は今日と異って、自白主義の訊問であったから、惨酷な拷問を行った。起多やかねの拷問振りは惨鼻の極であった。毎日毎日二人や三人、拷問にかけられないことはなかった。幸い老生の同房者には一人もなかった。拷問をかけられると必ず〔ママ〕気絶した。帰檻して来るや、各檻の柱を頼りにようやく歩行するなど、人のこととして看過ができぬ。明日にも自分の身に及ぶかと考えると肌粟を生じた。

夜になると、界《さかい》の板をこつこつ叩いて隣房の者と咄をした。ある時長屋玄蔵と咄をして、「檻房生活はどんなものだ」と聞いたら、彼は「至極結構だ。僕には適当だ。手を伸ばせば飯がある。尻を捻れば小便ができる。こんな調法なところはない」〔と〕。

「蚊はどうだ」と聞いたら、「頭から着物を冠って寝れば差し支えない」〔と〕。「拷問は案ずることでないか」と聞いたら、「少しも案事ない。武士を拷問にかけるなどとは沙汰の限りだ。僕を拷問するという時は、充分悪罵してやる。その上死ぬばかり。そんなことを心配するには及ばんよ」と大気焔であった。

藤田も長屋の咄を耳にして、「なかなか面白い人のようですな」というたことがある。老生は藤田に長屋の人格を咄した。「彼は老子崇拝者で、万事を悟っておって、何事も心配しません」〔と〕。藤田は「御同様に出獄して、後々御目にかかるの機会もあらん。その際には、岡本・長屋等と今日のことを咄しましょう」といったが、同氏は出獄後陸軍大尉になって、実兄の健に先立って死んだということを聞いた。追惜にたえなかった。

（欄外追記　朱筆）

「ちなみにいう。藤田健は東湖の長男で、明治十五、六年頃山形県米沢の郡長に任ぜられたことがある。時に『時事新報』主筆、水戸の人石川幹明より伝聞するに、諸陵頭になったという。有名な藤田小四郎は妾腹の三男、任の異母弟である。」

一転して酒田臨時裁判所へ護送

それから前後三十日間、一度の訊問もなく、ある明け方いまだ暗き時に呼び出しが来た。

入檻中聞いた咄に、死刑に処せられるものは夜明けに呼び出さるると。余り呼び出し時間が早いため、「処刑せらるるのではなかろうか」と藤田に聞いて見た〔ママ〕。藤田は「なんぼ乱暴な司法省でも、一度の訊問なく刑することはありますまい。定めし放免だろう」と答えた。

どうなるか分からんが、同房者に暇を告げて出て見た。すると元の広間に赤沢始め一同顔を合わした。ほかに中川一と喜瀬英士がおった。如何なる訳かと聞いて見ると、両人は出京しておったため、すぐさま司法省へ出頭して、そのまま入獄せられたのであった。

なお、ほかに脱走組の玉城織衛・中村又太郎の二人もおった。これは脱走以前、すでに召喚状を発されたもので、東京に出るや否やすぐに入獄せられたのである。

都合一一人の前へ、一人の判事が来て、「酒田へ臨時裁判所を開廷せられ、同所において訊問せらるる都合につき、護送する」と申し渡された。捕亡らしき二人が来て（一人は土佐人、一人は岐阜県人、司法省の等外吏である）、「今回吾々両人、諸君を酒田まで護送するよう命ぜられたが、一一人の囚人を二人で護送することは、かつて例がないと理由を伺いたるに、決して逃走の恐れがないから安心して護送せよ」との命令である。「それなら道中囚人の取り扱いを致しません〔か〕」と伺うたら、「それで差し支えないとのことであります。よっては、諸君も囚人と思わず、友人だと思うて御同行下さい」というのであった。感謝して承知の旨を答えた。

それからすぐに出発したが、寛典の取り扱い振りで捕縛もされず、あたかも普通の旅行と異なることは少しもなかった。道中の日程はしかと覚えておらぬが、十二日ばかりであった。八月の十四日頃合海駅、翌日船にて酒田に下り、午後四時過ぎ新井田橋の下に着せし時、受け取りのため来た者が二人あったが、のちに聞けば福島県の巡査で(一人は林という者で、のち山形県の警部に就任した)、東京から護送して来た両人は、左も名残りおしげに暇乞いされた。

酒田臨時裁判所の開廷・判決

それから受け取りに来た二人に連れられて、新井田橋の旧監獄に投ぜられた。一番檻には脱走連の玉城織衛と中村又太郎、二番檻には赤沢源弥・石原束・山口昇兵衛・仁科理右衛門・喜瀬英士、三番檻には中川一・萩谷弥太郎・長屋玄蔵・千葉弥一郎と分配された。

三日ばかりののち、いよいよ開廷せられて、初日には赤沢・萩谷・喜瀬・千葉の四人が召喚され、出廷して見たら控所には脱走連の原告が二〇人ばかり、次の控所には被告として内田柳松・柴田雄蔵・長沢松弥・荒井壮蔵の四人がおった。その後日々順序に訊問を受け、前後二十日ばかりで審理終結し、喜瀬英士・千葉弥一郎の両人は親類預けとなって、出獄を命ぜられた。赤沢ほか六名は入獄のままであった。一行の人に対しては、実に気の毒ながら止むを得ぬ。内田の一行と同伴して鶴岡の自宅に戻った。

途中、押切村の茶屋に休憩せし時、係の法官たちは途中後田の開墾場を一見して、帰京の途につかるるので、同所に休憩せられておった。
翌六年七月、酒田県庁において判決の言い渡しを受けた。
頭取白井為右衛門、取扱役赤沢源弥・山崎繁弥・和田東蔵、肝煎役中川一・仁科理右衛門・石原束（脱走連玉城織衛・中村又太郎）、喜瀬英士・千葉弥一郎
以上一一人は禁錮九十日
二か年半　萩谷弥太郎
二か年　長屋玄蔵・内田柳松・山口昇兵衛
一か年　長沢松弥・柴田雄蔵・荒井壮蔵

ちなみにいう。係法官　判事長早川景矩（熊本出身）　検事川崎強八（鹿児島県人）　検部藤島正健（熊本出身）　判事補柴原某ほか一名であった。

喜瀬英士・千葉弥一郎は訊問の際、自殺者桂田寛吾の認めた書置二通、辞世の俳句二首を証拠として呈出したため、止めぬという点で人命律同行有妨害条に擬せられ、取扱役および肝煎役と同一なる軽罪に処せられた。萩谷弥太郎の二か年半という重刑は、桂田寛吾に自殺を命じ

たという法官の心証によりたるものならん。萩谷の申し立てに対し、赤沢はその責めを負い、喜瀬・千葉の二人は萩谷が命じたのではない、吾々両人が勧告したのであると申し立て、四人法廷で対決させられたが、萩谷はあくまで責任を負うてほかの三人には責めがないと主張した。その時判事は「よく分かった、よろしい」といわれた。それで桂田の件は終結したのである。

長屋玄蔵・内田柳松・柴田雄蔵は、天野静一郎の関係者で、自殺当時介錯に手を下した事実によりたるものなり。山口昇兵衛・長沢松弥・荒井壮蔵も同一事実なり。禁固刑は各自期限内自宅に謹慎しおるだけ、別に拘束を受けず。

第五章　新徴組人名録に属する断片記事

山田寛司

房州の出身で、農家に生まれたが、夙《つと》に文武に志し、浪士の募集に応じて上京する際も、小頭として頭角を顕わし、新徴組と命名し、荘内藩へ委任せらるるや、三・四番組の肝煎・取締役・剣術教授方を勤めた。漢学の素養もあり、画は下手であったが、常に楽んでおった。撃剣は千葉周作に師事し、画は菊地容斎に師事した。刀の縁頭に孝経の一章を彫刻するなど、武士的堅固の人であった。まず文武兼備と賞揚してよかろう。のち山口三郎とともに一〇〇石を賜う。戊辰の戦役には各地に転戦し、のち小名部口の激戦で敵の砲弾破裂し、脇腹と背に重傷を負い、陣中を退き、湯田川村にあって療養を加え、中途快方に赴きしも再発して終に没した。長男文太郎は後田林の開墾に従事し、のち小学教員の職につけり。

中川　一

越前の浪人で、募集に応じ上京の際頭角を顕し、狼藉者取押役たり。新徴組と命名し、荘内藩へ委任後は、六番組の肝煎役・柔術教授方を勤む。柔道は戸塚彦助の高弟たり。維新後、大泉藩の時、特に一〇〇石を賜って代官役を勤め、廃藩置県後、飽海郡菅里村に移住し、同村の戸長となり、同村で没した。長男寅三は北海道に移住し、小学教員を奉職した。

分部宗右衛門

甲州の豪農である。募集に応じ上京し、帰府して荘内藩へ委任後は一番組の肝煎となり、戦争当時は出陣せず、最上の御預地に代官となり、特に一〇〇石を賜った。廃藩置県後、郷里山梨県に帰省した。養子彦五郎は鹿児島へ留学したるが、帰国後脱走し、東京に出て陸軍士官学校に入り、卒えて西南戦争当時陸軍少尉として出陣し打ち死にした。

新徴組学術役附

新徴組学術の役附は左の如し

○剣術教授方
　山田寛司　　玉城織衛　　片山喜間多
○同　世話方（助教授）

天野静一郎　中村又太郎　中沢良之助　大津彦太郎
関口徳司　金子蔵之允　鈴木栄太郎　小堀大太郎
小沢勇作
○槍術教授方
山本荘馬　富田右覚　手塚要人
○槍術世話方
瀬尾権三郎　井上忠太郎
○柔術教授方
中川　一　大島　学
○文学教授方
桑原玄達　粟田口辰五郎

天野静一郎

浪士留主中、江戸にて募集せられしものにて、荘内藩へ委任後、六番組の小頭・剣術世話役を勤めた。戊辰戦役の際、六番組は田辺儀兵衛に率いられ、村山郡御預り地鎮撫として出陣し、寒河江《さがえ》に宿営せし。当時氏は上の山藩、および山形藩へ使命を帯び、隊中錚々《そうそう》たるものであった。その後、各所に転陣し奮戦した。維新後、明治三年の夏〔付箋貼付（朱筆）「三年の夏と記せしも、記憶確かならず。貴地にて御分かりのことと存じ候。正しきところ御訂正を乞う。」〕藩が東京市中取り締りを命ぜられた（各藩の兵をもって市内を取り締り、今日の警視庁の前身である）。この時、大泉藩は物頭匹田良蔵、足軽組一小隊を率いて召しに応じ、浅草誓願寺を宿営屯所となしておった。吉原はもちろん、浅草一円、その頃東京第一の雑沓地であるため、事故も多かった。本藩士では言語不便である〔に〕より、新徴組から天野静一郎・井上政之助が紏問係として匹田隊に属された。

しかるに、静一郎は管下の商家より金を強請したことがありしため、帰国を命ぜられ帰宅するや、その夜同士長屋玄平・内田柳松の両人、静一郎が隊名を汚せしかどをもって自殺を迫った末、自殺した。新徴組疑獄事件の起こりし、そのなかの一人である。

桂田寛吾・尾崎恭蔵

右の両人も、天野と同様自殺を迫られて自殺した。疑獄事件の起こりしそのなかの者である。彼ら自殺後、新徴組の内訌発裂し、同士八〇余名数回に渉り脱走し、自殺せしめた情状を司法省に告訴するに至れり（「投獄記事」参照）。

稲田隼雄

尾崎恭蔵と提携して脱走し、追跡せられ、東村山郡山寺村において追捕の者に重軽傷を負わせ自殺せしも、疑獄事件に影響せず。

桑原玄達

甲州の産、漢方医で儒者である。浪士上洛の留主中、江戸にて募集せられたもの。新徴組が荘内藩へ委任せられた後は、文学教授方を勤めた。すこぶる議論好きな硬骨爺であった。彼は致道館の学風を評した。致道館は忠徳《ただあり》公が建設時代には学監に博学の識者がおったと思う。それは致道館の蔵版たる詩経・書経・論語・学庸は全部白点である。当時幕府の聖堂はもちろん、各藩とも十中の九まで朱喜〔熹〕学の旺盛であった。道春点などと唱えた返り点と、註釈あるものを読ました。

しかるに、譜代の荘内藩で独り徂徠を学んで白点を用いた。卓見がなければできぬことである。孔夫子を学ぶには直接孔夫子を師とせねばならぬ。朱喜の集註によれば、朱喜以上に孔夫子の言を解釈することは不可能である。朱喜が誤れば読む者も誤るは自然である。いわんや〔林〕道春の註釈を読んで孔夫子を解釈すれば、道春以下の解釈よりできぬ。〔荻生〕徂徠は未曽有の大儒である。支那でも、日本徂徠として大いに崇拝した者もある。徂徠には大なる長所もある。また大なる短所もある。〔酒井〕忠徳公時代、致道館の学監は徂徠の長所を看破したものと信ずる。それ以後の致道館は、徂徠の短所を学ぶに至ったものだ。

赤沢源也〔弥〕も致道館の儒官を勧めたという咄を聞いたが、彼の如きはもっとも徂徠の短所に陥ち入ったのである。頃日、喜瀬と荒井の二人に対し、「孟子を読んでは不可なり。史記の刺客伝を読め」というたそうだ。なんたる馬鹿げた咄だ。それでも学者をもって任じておる。嗤《し》笑《しょう》するのほかない。彼も天ということを口にするそうだが、彼には天ということは分かるまい。刺客伝を読めというような学者に、天ということが分かるべき道理がない。

そもそも孔夫子の教えは天に代って政を行うものだ。天は何をもって命ずるか、天は人をして言わしむるのだ。すなわち人民多数の意思を採用して、政を行うのだ。明治初年の御誓文五条中の第一項が、王道の大基礎である。赤沢にはそれらの事柄は分かるまいというた。

彼は新徴組瓦解の際、脱走組にも加担せず、一人脱して帰国した。しばしば追捕せられた者のあるのを見聞きしておったが、彼は脱するに臨み、壁上へ「千里の道を行って知らざるものは、人なき道を行けばなり」と書いて貼附《ちょうふ》した。彼はいずれの方面より脱したか、さらに分からなかった。一説には加茂港より越前通いの塩船を頼んで潜伏し、その船に乗ったということであったが、信なるものの如し。

彼は長寿で、百三歳で没したという。帰国後、明治十八年の頃であったと思う。両国の井生村楼でコレラ病予防の講演をしたということを伝聞した。

第六章　新徴組史料

緒　言

本紙は、「別冊記事」中関係ある事故なるをもって、著述者石原君〔重俊〕の御参考として掲ぐるものなり。

私が家督相続以前、元治元年〔一八六四〕二月新徴組の邸として飯田町黐坂《もちのきざか》の邸《やしき》を幕府より賜るや、邸の四方へ「酒井左衛門尉屋敷」と記したる標杭を建てたる時、鯉淵太郎・中村定右衛門等怒っていわく。「酒井左衛門尉の邸にあらず」と。該標杭を抜き取り、溝中へ投棄せり。彼らはその暴状のため、投獄の身となりたるも、翌日「新徴組御委任酒井左衛門尉屋敷」と改めたる標杭を建てたり。

この事柄は、新徴組瓦解の前後、不平を唱うるものの宣伝せしなかの一つなり。

「別冊記事」、頭取は物頭級にして、新徴組の者はほとんど足軽扱いを受けたるものの如し。

指図役は、徒士級にして、卒族たるをもって、頭取・取扱は彼らを呼び捨てにするも、見廻り先において姓名を列記する場合、指図役は肝煎の次にて、小頭の上席に記入せり。もって新徴組の者に対する待遇如何を知るに足る。これらは不平宣伝の一となれり。

藩公より一月元旦御盃下されの嘉例だけは、平士族の末席たるは、いささか士分の取り扱いなりしも、その他の取り扱い振りはほとんど士分をもって遇せられず。

新徴組の前身は、文久三亥年〔一八六三〕旧幕府において天下の浪士を募集し、〔将軍〕家茂公上洛の際先発して西京に登り、壬生《みぶ》邸に屯す。のち江戸に下り、本所三笠町小笠原邸に屯集す。浪士組上洛後、江戸に参集したる者約一六〇名、合併後の惣人員約四〇〇名。

元治元年〔一八六四〕二月酒井家へ委任せられ、飯田町黐木坂に邸を賜り、新徴組と称するまでの事蹟については、庄内史編纂に従事せられたる石原重俊君が寝食を忘れて刻苦せられ、諸藩はもちろん、各宮家御所蔵の旧記録を蒐集せられ、ほとんど遺漏なきものの如し。ゆえに、私が幼年時代に見聞きせし一部分を記し、かえって世人の疑惑を招くの恐れあれば、ここには私が亡父兄の跡目を相続し、新徴組の一人となりたる慶応二年〔一八六六〕三月以後、すなわち市中見廻りを勤務せし以来の事柄を記す。

これとて六十余年を経過し、別に筆記せしものもなく、単に記憶に止めるをもって、年月日の如きはなはだ不分明、大略を記すのみ。もっとも記事中、当時秘密にせし事柄なしとせず。しかし、事実見聞のまま露骨なるため、あるいは他人に対する毀誉《きよ》・褒貶《ほうへん》・批判に類する点あらんも、あえて故意にあらず。事実を事実とせしものなれば、宜しく取捨せられんことを伏して希《ねが》うのみ。

第一節　新徴組の組織

三笠町に屯集せし浪士時代の四〇〇余名は、種々のできごとありて離散し、旧幕府より伊賀者次席に列し、庄内藩へ御委任ありて後、私が家督を相続せし当時は、伍々六組、一番より六番に至る一五〇名と、ほかに肝煎取締三名、肝煎六名、合計一五九名なり。

その取り扱いとして藩士より頭取六名（物頭級にして二〇〇石以上の者）、取扱一二名（平の藩士にして一〇〇石以上の者）、指図役若干（卒族にして徒士格の者）、勘定方若干（卒族として足軽格の者）、一か年交代の勤番にて、半数ずつ麴坂邸にあり。惣轄は国老松平権十郎氏、神田橋の本邸にありて、重要なることがらを指揮せられたり。

新徴組の給禄は左の如し。

肝煎取締山口三郎・山田寛司各一〇〇石、肝煎取締役吉田荘（庄）助八人扶持、肝煎六名各七人扶持、小頭五人扶持、平組四人扶持、ほかに各自多少の差あるも、一か年金二七両。

私は亡兄切腹せしを格別に思し召めされ、一二人扶持、金二六両を賜り、中村・羽賀の両家も同一なりき。

伍々の六組は、一日二組ずつ当番として肝煎一名に引率せられ、市中も巡りをなしたり。見巡り時刻、稀れには正午に出邸する場合あるも、十中の九までは午後六時に出邸するを例とせり。当日の指定地は五か所にて、品川の新橋、板橋・吉原・千住等にて往々甲路を経て、復々乙路を経て、大略夜十二時頃帰邸するを例とせり。

本藩の士卒も数隊に別れ、ほかに新整隊等ありて、一日十有余組市中を見巡りたり。

慶応三年〔(一八六七)〕の秋、市中穏かならず。よって五人を一隊となし、新徴組の壮士連をもって夜中忍び巡りを出すことになりたり。後段に記す板橋事件なるものは、この忍び巡りのできごとなり。

慶応三年十一月薩邸の暴徒市中富豪の家を襲い、金品を掠奪することしばしばなりしかば、神田橋の本邸内へ非常詰なるものを設置せられ、新徴組より毎夜二組ずつ宿直、非常のできごとに備う。後段吉原事件なるものこれなり。

第二節　新徴組のできごと

慶応三年〔(一八六七)〕七月頃と覚ゆ。旧幕にて募集せし歩兵隊あり（旧幕領の農民より徴兵せしもの）。およそ三大隊ほど、仏国へ留学せしものという。九段坂上（靖国神社のあるところ）に一か所、西丸下に一か所屯営せり。規律はなはだ緩にして、日々市中を徘徊し、無銭飲食はもちろん、暴状極りなく、市民蛇蝎《だかつ》視し、安寧秩序を紊《みだ》したり。

同年十月頃、新徴組の三番隊が見巡り先において暴状の告訴を受け、これを取り鎮めんとせしに暴行を働きたれば、捕縛・糺明せんとせしに暴行者の四、五名は逃走し、追撃せらるるや。神田小川町（土屋邸）歩兵奉行の邸へ潜匿するをもって、三番組の人数は追撃して玄関に登り応接に及びたるところ、暴行者の引き渡しを拒み、逆捻的の態度をもって歩兵奉行の玄関へ土足にて登りたりとて、激論数時。その時神田橋本邸に近きところとて事の顛末を国老松平（権十郎）氏に報じたるに、松平氏はすぐに本丸に登城し、閣老に面謁し、非常の場合に処すべき手段を心得のためにとて伺い出でたるに。閣老は「苦しからず」との確答ありたる旨にて、三番隊へそのむね命令せられたり。応接の結果は互いに閣老へ具状し、何分の指令を仰ぐべき約にて引き分かれたり。

その後伝聞するに、当時松平氏は閣老に面謁し、「御本丸において非常のできごとありたる場合、前後を顧るの遑《いとま》なく、突然御玄関に出入することあらんも、平素の格式等によってあたわず。弊藩の士卒が突入して可ならんや」と奇問を発せしに、閣老の答うるに、「非常の場合は格別にて、差し支えなし」との返事ありしという。

当時無稽の言なれども、「朱塗玄関何のその」ということ流行言葉が出でたり。酒井家市中取り締りの権威すこぶる熾なりしを想像せらる。市中を横行する無頼の族はいう「カタバミはウワバミより恐れる」と笑話流行せり。

旧幕府の制度として、御使番役は出火の場所八町以内において、妨害となるものは切捨御免と称して、一般に御使番の威光を恐怖しつつありしも、明神前永島直之丞のできごと以来、酒井家の見巡り人数に対しては御使番といえども恐怖し、かえって道を避くるに至れり。

第三節　板橋町のできごと

慶応三年（一八六七）に入りてより、世の中とかく穏かならず。市内四方面の入口取り締りのため関門を設けたるが、板橋町の関門守衛にあたりたるは、牛込神楽坂上に赤門本多内蔵允《くらのすけ》と称する九〇〇〇石ばかりの籏本なりし。該本多家はあたかも大名に異ならず。家中の士分も数十人ありて、当時板橋には大砲二門を備え、小銃隊卒一小隊を有せり。

十月末、新徴組忍び巡り一組五名の者、板橋町に入るや第一番にありたる（忍び巡りは一人の間隔一町をもって前後五町の間にあり。各自呼子《よぶこ》の笛を有し、事ある場合五人集るもの）片山喜間太に対し、突きあたりたる酔漢《すいかん》あり。一応詰問せんとするや、すぐに抜刀して上段に構えたれば、片山は左手に相手の肱《ひじ》を押え、右手にて抜刀せんとせし折柄、今一人の酔漢片山の左手に取り付き、いかんともなすあたわず。止むなく両手を一度に外したるに、抜刀して上段に構えたる者「得たり」と打ち下したるため、片山の右手を押えたる同僚を切り伏せたり。

闇夜のできごと、敵も味方も判明せずして、両人とも逃げ出し、重傷を負いたる者は近処の浴場にかけ込み、急を関門に報ぜしむ。

片山は相手が逃亡せしため悠々として酒井家の休憩所に至り、五人あい会して事の顛末を談話中、休憩所の周囲は本多家兵卒の取り囲むところとなり、正面入口には大砲を据え付け、小銃隊は列をなし、もっとも厳重なる包囲を受け、先方より応接に来たる者あり。

事の顛末取り調べたるに、本多家の一人重傷を負いたるも、当方にて誰れも抜刀せしものもなく、切り付けたるものもなく、先方一人の刀身に流血あるも、当方に一人の怪我《けが》人なきため、まった同士打ちなること判明せしため、応接にあたりたる本多家の藩士周章狼狽、終に陳謝するに至れるも、当方においては個人的できごととして内済するあたわず。

いやしくも酒井家の紋章を掲げある休憩所を囲まれたるは、酒井家の名誉に関する重大事件にして重役の指揮を待つのほかなしと、断然内密の沙汰を拒絶したるに、本多家より再三再四陳謝するも、終に閣老の裁可を受くるになれり。のち本多家は主公隠居・減地の処分をもって解決せり。

附言。当夜忍び巡りの者、板橋町において重囲みのなかに陥りたるとの報知あるや、同士のなかには救援に赴くとて板橋まで走りたる者もありたり。

当夜休憩所の老婆は座敷内の点火を消し、庭前四方の板塀に掛蝋燭を点じ、有り合せの銅銭を手拭に包み各自の鉢巻となし、雪隠の掃除口より召使を出し、本邸および飯田町に注進をなし、その雄々しき働きと奇策は一同感服せり。

第四節　吉原遊郭のできごと

慶応三年〔(一八六七)〕十二月、新徴組五・六番組五〇人、頭取田辺儀兵衛、取扱赤沢源弥、肝煎中川一引率し、神田橋本邸非常詰の際、前日吉原衣紋坂において西丸下歩兵隊の兵卒三名、妓夫〔ママ〕のために打ち殺されたるに、歩兵隊の怒るところとなり、夜半宿直士官の命を用いず、和田倉門を破り二大隊喊声《かんせい》を揚げて吉原に向け操り出したるが、本邸近きため喊声耳朶《じだ》に達せしかば、血気の壮士は速かに出張せんことを絶叫せり。

隊長田辺氏動かず。二大隊の歩兵を鎮圧せんとて五〇人をもって何をかなすと、布団を冠って寝につく。一方、血気の壮士は臆病武士と罵倒すれども、田辺氏泰然として答えず。

そのなか吉原より注進あり。田辺氏勃然起きて「進め」と令す。時に夜のふけ、現今の電車通りを走り龍泉寺町に至るや、歩兵二大隊の引き揚げ来たるに会す。これを喰い止めんと気早の族三、四人すでに抜刀するものありき。応援のため進みたる赤沢・中川の両氏、隊長に対し止まらんことをもってす。歩兵隊の長たるもの従容迫らず。指揮鞭を振って「大隊止れ」と令し、当方を振り向いて「剣戟《けんげき》を納めよ」と叱咤《しった》す。その威厳冒すべからず。「大隊長林昌之輔〔林昌之助忠崇〕」と名乗る。夜中行軍の理由を質問すれば、その故を答えず。「今晩のできごとは明朝閣老に具陳すべし。あえてその理由をここに答うるの要なし。無事通過せしめられんことを企〔希〕望する」と空砲を発したる。理由を問えば、「後部隊にして自分は知らず」と答え、再び令を下して通過す。

後部隊を遮り、以前の如き質問を発せしに、「大隊長菅八十郎」と名乗りたるもすこぶる狼狽、隊に対して令を下さず。ために歩兵足踏みのままにてその現状見るに忍びず。しかしてひたすら陳謝するのみ。「空砲を発したることは、未熟練の歩卒ありてしかり」と。「これもまた閣老へ具陳する」の一語をもって無事通過を許したり。

それより我が一隊遊郭吉原に繰り込みたるも、廓内の各楼諸々破壊せられ、乱暴・狼藉の跡惨状を極めたり。町内には老若男女、芸妓娼の泣き叫びて救いを求むる様、実に修羅場たり。天明を待って鎮静せしのち、本隊神田橋の本邸に引き揚ぐ。

附言。前線の大隊長林昌之輔は、戊辰の役、箱根の嶮により幕軍を率い官軍に抗し勇戦せし事実は、『続日本外史』に明記せり。私は当時六番組にあり。彼我応接振りを側にあって見聞きせしゆえ、『続日本外史』を閲し今昔の感にたえざりし。

私は田辺氏の知遇を受け師事せしが、後日当夜の事柄について同氏に質問せしに、同氏はいう。「千余人に対し五十人をもって何をかなすといいしは、無謀の策と考えたるもの。注進を受けて令を下したるは、大義名分より決心せしものなり。いやしくも市中取締をもって任じたる酒井家にして注意を受くる以上は、たとえ五十人枕を並べて死する〔に〕は、君公の御名を辱めざる所以《ゆえん》なり」と。私は氏の物語を聞き、深く同氏の思慮と決心を感服せり。

同氏の言行に対する逸事に二、三あれども、本文に関係なければここに記さず。私は田辺氏は庄内藩士中稀れに見る秀才・高潔の人として敬慕す。

第五節　新徴組瓦解の顛末

慶応四辰年〔(一八六八)〕正月、幕軍伏見・鳥羽に破れ、天下騒然。徳川の社稷すでに覆えらんとするの時、譜代の諸侯代表者を撰出し、神田橋外開成所に集合し、徳川家のため善後策を議したるが、議論区々。結局小田原評定に終りを告げ、荘内藩の向背を決せんとせしにこれまた区々。強硬論者は、関東および奥羽の諸藩糾合し箱根の嶮により、官軍に抗せんことを主張し、穏和派は君公をして官軍を東海道に迎えんことを唱えしも、とにかく一旦帰国して領地を守り朝命の如何を待ち、しかしてのち処せんということに決し、藩公は二月の末に江戸を出発せられ、藩士の全部日を刻して帰国の途につけり。

新徴組は一番より六番に至るまで一日一組ずつ出発し、私は六番組なるをもって最終三月三日飯田町の邸を名残惜しく出発せしが、一同妻子を携帯せし旅路とて、小坂通を往きて二十余日を費し、三月末鶴岡に着、翌日湯田川温泉の家舎に分宿することとなりぬ。

閏四月二十四日清川口開戦の当日まで、日々剣槍術の稽古のほかなすこともなく消日せり。清川口開戦の報達するや、新徴組の全部清川口に出陣を命ぜらる。新徴組は前段述ぶるが如く、伍々の一五〇戸なりしも、そのなか幼年戸主あり、婦人あり。出陣せし者は約一〇〇名ぐらいなりし。出陣後九月の降伏・謝罪に至るまでの諸所に転戦し、矢島城の陥落、鳥海越、越後口関川・高畑の激戦、秋田口上条・小坂戸激戦等、詳細は和田東蔵氏の著述『奥羽戦争記』にあるをもってここに記さず。

明治三年〔一八七〇〕の春、新徴組の住宅を城東大宝寺村へ賜り、新築に着手せられ、徐〔ママ〕

ニ引き移りを開始せしが、私は同年十二月の中旬、鹿児島へ留学を命ぜられ、翌四年九月帰国せり。

徳川氏政権返還以来、各藩主は藩知事と称するも、依然として旧藩制に異なるなく、家老を大参事と名称を改めたるに過ぎず。庄内藩は大泉藩と改称し、神田連雀《れんじゃく》町旧青山下野守〔丹波国篠山藩主〕の邸を新に賜り、ここを藩邸とせられ、藩公居住せらる。

同年秋、廃藩置県の令下り、酒田県を置かれ松平権十郎（親懐）・菅善太右衛門（実秀）大小参事に、松宮源右衛門（長貴）七等出仕に、和田助弥（光観）典事に、その他大中小属に至るまでことごとく大泉藩士より撰抜・登用せられ、他藩より一人も採用せられたるなし。ゆえに名は酒田県なるも、その実は大泉藩に異ならず。一例を挙げれば、家老職は参事たり、郡代は課長に分配し、断杖課は町奉行、租税課は郡奉行・代官等の類にして、藩制当時と異名同体などいうも可なり。

新制頒布《はんぷ》せられず。はなはだしきは太政官の布告・達も公開せざるもの少なしとせず。租税その他の課税金もほとんど旧制によるもの多し。ここに至り、本藩中金井質直弟允釐の如き市民・農民を煽動し、県治の不公布その他違反の条件を宣伝、県内騒然たり。当時新徴組の過半数は東京に寄留・移転を企望する者ありて、秘密に会合し、金井等と気脈を通じなすあらんと計画せり。

新徴組の取扱役員間にあっては、あらかじめこの挙を知り一同を金峰山に祈誓せしめ、三夜山籠りをなし、髪を切って神前に備え、新徴組は如何なる新令に接するも、決して同盟を破って個人的の行動に出でざらしめんこととし、すこぶる圧迫の手段を講ぜり。いよいよますます内訌となり、すこぶる危険の思想を抱き、そのなか盟約に背きたるとて、些細《ささい》の落度《おちど》あるに乗じ、切腹を強うる等あり。到底救うべからざるの状態に陥り、一面後田林の開墾に対し、不平満々終に破裂の止むなきに至り、同士前後通じて八〇余名、夜陰に乗じ脱走し、出京して司法省に訴願するに至れり。

明治五年〔（一八七二）〕五月、赤沢源弥ほか八名司法省の獄に下る。その人名は左の如し。

中川　一　萩谷弥太郎　石原　束　山口卯〔昇〕兵衛
仁科理右衛門　青瀬英二　長屋玄平　千葉弥一郎

以　上

東京鍛冶橋の監獄に繋るる三十余日。酒田において臨時裁判所を開かるるため、再び捕縛《ほばく》の上酒田に転送せられ、鵜渡河原の獄に繋るる一年余。

処分それぞれ等差ありしも、各自禁錮の刑にして、自宅にあって謹慎に止まれり。新徴組のこの破滅により、庄内に止るものわずかに一四、五戸となり、まったく瓦解に帰せり。

第六節　百姓一揆、一名「ワッパ」事件

私が処分を期限経過せし当時、農民一揆の状況悪化し、金井質直兄弟、栗原幹・森藤右衛門・大友宗兵衛等渠魁《きょかい》を始め、数十名を縛し獄に下す。当時、太政官より酒田県庁へ達せられたる命令書は、左の如し。

その県下農民ども騒擾《そうじょう》の趣、臨機の処分このたび限り差し許し候こと。

但し、処分の儀はあい伺うべきこと。

この達に接するや、県庁の意向を強からしむるも、処分は至って軽く、禁錮百日以下なりき。騒擾いまだまったく鎮静せざるなか、俄然教部大輔三島通庸《みちつね》、県令に東京府一等属吉田清英七等出仕に任ぜられ、その他属官若干名（残らず鹿児島県出身）赴任し、松平氏の大参事旧の如く、菅権大参事、松宮七等出仕、典事和田光観、同時に罷免せらる。続いて酒田県庁を鶴岡に移し、鶴岡県と称す。

県庁に対する農民の反感まったく癒えず。とかく穏かならざりしも、結局県庁を相手取り、農民の代表者金井允釐・森藤右衛門・大友宗兵衛等より、不当取り立ての租税返還等の条件十三か条を訴え出でたるにより、臨時裁判所を鶴岡に設置せられ、判事児島惟謙裁判長として訊問取り調べあり。県庁の代理者山岸貞文（大属）・氏家直綱（小属）出頭、明治九年八月より九月に至り、年末に判決の言い渡しあり。だいたい県庁の敗訴に帰し、のち国庫より支払うこととはなれり。

第七節　訂正および増補記事

明治の新徴組投獄事件

先便記事中、新徴組投獄事件、裁判官児島とあるは早川景矩の誤り。該臨時裁判所は、被告人赤沢源弥ほか八名と同日東京出発、道中前後して酒田に出張せらる判事早川景矩、検事川崎強八、検部藤島正健、その他判事補・書記等なり。法庭〔廷〕は、酒田県庁旧酒田城内の一隅に設けられたり。

附言。早川氏は熊本県人、川崎氏は鹿児島県人、藤島氏は熊本県人。右三氏は、本間家に当宿す。

右三氏は、西郷党といわれたるもの。三氏とも勝山重良氏の親友にして、私は勝山氏の知遇を受けたるため、処分後出京せし際、三氏に面会したり。なかんずく、藤島氏は書生肌の人にて、至って露骨に談話せられ、私はすこぶる愉快を感じ、しばしば訪問せり。同氏は外国領事、印刷局検査部長、県知事（千葉）、終に勧業銀行総裁に栄転、永眠せられたり。

勝山氏の咄に、ある時西郷先生、当今藤島ぐらいの勉強家は珍しきと賞揚せられたりという。

奇縁ともいうべきか、昨今私が囲棋の手ほどきに往来する宇佐川知義（横須賀鎮守府参謀長、少将たりし人）氏の岳父知彦翁は、藤島氏に師事し、同氏の千葉県県知事たる時は安房郡長に、勧業銀行へ栄転せらるるや、同所庶務課長と始終附き添いたる人にて、知彦氏の岳父は横井小楠先生の高弟にて、慷慨家の聞こえあり。知彦翁父子と碁を囲むの時ごとに、藤島氏の人格を語ることあり。実に今昔の感にたえず。本誌に関係なきも、御参考までに記します。

「ワッパ」事件

先便中「ワッパ」事件は、裁判官は児島惟謙（大津事件の際、司法権独立の強硬論者、後大審院長たり）、法庭〔廷〕は鶴岡御花畑瑛昌様の御屋敷跡なり。

農民騒ぎの十三か条事件、その起因は明治七年〔(一八七四)〕と覚う。元老院書記官沼間《ぬま》守一が鶴岡に出張し、荒町裏の寺院に訊問所を開き、酒田県官および大庄屋・肝煎等郡村の重立ちに対し、すこぶる圧制を極め、あたかも今日の警視庁と等しき強制執行を行い、数日間拘留して人権を蹂躙《じゅうりん》せし暴状を呈せり。その結果、各自御無理御尤的請書、その他書類に押印せしめたるもの。

前警視総監太田政弘氏の岳父正道氏は、私と兄弟同様の親交あり。農民一揆の主魁森藤右衛門とも深き交りのありし人なりしが、同氏が私に語るところによれば、森藤右衛門が元老院に酒田県の不法に対し、建白書を差し出せしため、沼間守一の派出となりたるものにて、その建白書中「進まんと欲するも進むあたわず、退かんと欲するも退くあたわず」云々前後の文書妙文として、種々の著書に散見す。

その建白書は太田政道が森の懇請黙止しがたく、当時元老院議官たりし河野敏謙《こうのとがま》氏に願いて草案を乞うたるものなりと。太田氏は当時岩倉具視《ともみ》公始め、要路の間に出入し、国事の探偵らしきことをなせしことあり。太田氏の末路は余り香わしきなかりしも、同氏の放浪時代一個の志士として金井を惜《おしま》れたり。同氏は私が森と始終敵対者たるため、しばしば和解せんことを執心・勧誘せられたるもの。しかし、私はか〔っ〕て拒絶せり。その後すべてのこと雲消霧散したり。

明治十五、六年の頃太田氏の紹介にて一夕森氏に面会せしことあり。座談中森はいう。僕の目的を始終妨害せしは君なり。当時君と今日の交りあれば、僕の目的もあるいは成就せしもはかりがたしと大笑いしたり。爾来《じらい》、しばしば面会せしも、同氏は民権家の先輩犬養翁とも劣らざる評判ありて、ある民権史にも記事を散見し、しかし学識ほとんどなく、金井兄弟の使嗾《しそう》せられたるものと思考す。私は断言して憚らざるは、森藤右衛門に名をなさしめたるは、酒田県にありと信ぜり。

薩摩屋敷焼き打ちの事実

先便記事には記載せざるも、御著述中に薩摩屋敷焼き打ち中の事実を御参考までに記す。

私の縁戚、新徴組の長屋玄蔵〔平〕なるものあり。同氏は薩摩屋敷へ秘密探偵として入りたるものなり。

新徴組の出入は至って厳重にて、朝六つ時より午後の六つ時にて、出るに門鑑を守衛に渡し、帰邸の時その門鑑を受け取る規定にて、少しも時刻に油断できぬものなりしが、長屋氏は夜半、あるいは翌朝帰宅することあり。もっとも秘密にはせしも妻には隠すこともできず、私は一家内同様出入せしため、その秘密なる理由を問いしことありしが、氏は私に実を告げたり。

その談によれば、薩摩屋敷に入り、暴徒の仲間入りは首尾よくできたるも、遺憾なる一事いまだその真想〔相〕を探るあたわず。それは余程有力なる人が潜伏して暴徒を指揮するものと思う。目下主立ちたるものは薩摩の益満信〔新〕八郎という者一人なり。この者は愚直にして何等の策もなく平凡の人格なれども、時として令する事柄すこぶる奇策・軽妙、到底益満輩の胸中より出づべき策にあらず。

焼き打ち当時、児玉勇一郎と称する人顕われて、門外にて打ち死にせしもの、これは（藩士山本丹弥氏が鎗で突たりと聞きしも、果してしかるや否〔や〕確定できず。氏は殺刺隊、士族二、三男をもって組織す）ある時、西郷先生〔隆盛〕が連雀町の新邸にて薩摩屋敷焼き打ちのことが談話に出でし時、児玉は惜しき人物なりしと語られたるよし。長屋は同氏のことを指したるものにて、始めて了解したりと語りたりき。

私は今でも時々回想しますが、酒井家の市中取締時代は、江戸には二六〇大名、八万の旗本が居住し、各自同一に両刀を帯びておる時代です。しかるに、一四万石の一小藩如何に全力を注ぎしとはいうものの、一家にて他力を煩さず江戸の市街人民を安眠せしめ、大小数十回のできごとに対し一回の失敗を招きたることなく（御船蔵にて舟手の真田範之助事件に、酒井玄蕃君始め二名軽傷者あり）、その他さらに軽傷をも負いたるもののなきは天運ともいうべきか、実に考え及ばざるところです。

江戸市中見巡りにおける新徴組の功労

目下相手に刀を帯びたるもののなき時代、巡査数千人刀を提《さ》げて警戒しつつあり。しかるに、毎日毎夜殺伐事件を新聞紙上に散見す。もっとも市街も倍加し、人口も数倍に増加しつつありとはいうも、酒井家市中見巡り時代に比すればその差幾千か、その真情はとても筆紙に尽しがたきものならん。

新徴組の者十中の八、九は一丁字を解せざる無頼者にて、本藩士に比すれば恥しき限り。本藩士の侮りを受けしも詮なき。士風の卑しき点ありしことは事実なれども、一面より考うれば、市中取締中赫々の名誉を得たるの功は、十中の八、九は新徴組の功労というも決して誣言《ぶげん》にあらざるものと信ず。

君公の御徳と松平氏、その他要路の人たち、施政の宜しきことはもちろん、だいたい上の新徴組のためにあらざるも、大小のできごとに対し機敏に勇猛なりし点は、新徴組第一に指を屈して可ならん。市中見巡りの際、弁当持、捕物道具を持つ者一隊に八名ばかり附き添うを例とせり。彼らは「オモダカ」の紋付たる水色木綿の半天を着て、下谷の邸より通いたるものなるが、来たる時はその半天を着ず（時として暴漢出て酒井の巡りの人足なりと暴言するものあるを恐れてなりと）、隊に添う時着たるもの。

ある時、彼らの咄すところを聞きたるに、「本藩士の供の実に馬鹿げておる。昨夜もあるところより注進を受け行って見ると、すでに暴行者は逃げておらず。片時、アーマゴッキでは駄目なり、新徴組のよう機敏でなければ駄目だ、本藩士の御供は御免を蒙りたき」などといいしことあり。

慶応三年（一八六七）十月浅草猿若町一丁目酒屋強盗と新徴組の活躍

附　言

〔慶応三年十月〕忍び巡りの際、浅草猿若町の自身番にて夜半の弁当食事中、只今強盗二、三人入りたるとの注進を受けたることあり。

中沢良之助（剣術教授者、小方、世話方）　桂田寛吾
立花常一郎　中村健次郎　千葉弥一郎　以上五名

注進者が模様を陳述中、さようなことを聞いておると逃げてしまうとて、五名跣足《はだし》にて走りたり。当夜晴夜、暴雨篠を突く如き天候なりき。猿若町一丁目演劇場の裏手なる酒屋なりしが、屋内に入るや点燈なく、真の闇にて如何ともすべきようなし。「巡りの者なれば、点火せよ」と怒鳴る一人蝋燭を点じて出る者あり。同時に戸棚より出るあり。床几の脇より出るあり。狼

狽を極めて恐れたる結果ならん。賊の影を見ず（屋内に入りたるは中沢・立花・千葉・桂田と中村見えず〔〕。

暫時にして中村血刀を提《さ》げて来たり。そのいうところによれば、「兄等屋内に入る時、僕を摺れ違うて逃る者あり。賊に相違なきを見認め、追い駈けたるも、何分暗く止むを得ず背後より突き、たしかに手答えはありたるも、死骸見あたらず」と。

近傍尋ねるも判明せず。止むなく自身番に引き揚げたるに、間もなく注進に接し、重傷を負いたる賊を得たり。中村の刀は有名なる関物《せきのもの》なりしも、刀心〔身〕折れたるものの如し。不審を抱いて賊の身体を改めたるに、背中に尺余の鉈《なた》を背負いおり、二尺余の業物《わざもの》を帯しおれり。

翌日、本邸において左の賞状を受く。五名。

昨何日猿若町において強盗の注意これあるみぎり、晴夜の働きいささかも不都合これなく、格別に思し召めされ、別紙目録の通り仰せくださる。

この咄は市中大評判となりたることあり。

私の名前ある事柄を筆記するは、はなはだ恥かしく候へども、これは本記事に多少関係ある。当時新徴組が機敏なりしと評判せられし一例として記載します。御参考までと思し召されたし。

第八節　名士に関する断片記事の二　新徴組の部

浪士組から新徴組に至る前後の組士の動向

新徴組の前身浪士組が、文久三年（一八六三）三月京都より江戸に帰り、江戸にて募集せられし一五〇余名と合せて四〇〇余名、本所三笠町なる旧小笠原邸に屯集し、のち飯田町黐坂の邸に移りたるが、その前後にあって四〇〇余名中脱退・離散せしもの二五〇余名、清川八郎死後、新徴組と命名し荘内藩に委任せられ、まったく改造団体となり、一五〇余名が伍々に編制せられ、六組に分かち整頓するに至る前後なるものの事実を、左に掲ぐ。

清川八郎とともに尊王攘夷の説を唱え、閣老に実行を迫りたる。

石坂周造（宗順と称し、千葉県下の医師である）山岡鉄太郎の義妹を娶りて妻とし、高橋伊勢守（泥舟）とは交誼もっとも深し。

村上俊五郎　〇和田理一郎　〇藤本　昇

白井庄兵衛（庄内藩藩士）

以上の五名は、攘夷の軍資金を市内の富商より強請せし名目の下に、文久三年四月庄内藩のほか五藩の人数三笠町の邸を囲み捕縛せられ、町奉行の獄に投ぜられたり（六藩の人数は甲冑を纏いたるもの少なからず）。実見するところなり。

ちなみにいう。五名の捕縛に対する軍資金の強請は無根にして、幕臣小栗上野介〔忠順〕が反奸苦肉の策に出でしものとの説あるも、軍資金の強請は事実にして、決して無根にあらず。彼らが神戸六郎・朽葉新吉の二名を天誅《てんちゅう》に行い、両国橋畔に梟首《きょうしゅ》したるは、必竟自分等の非行を掩《おお》わんがためなり。五名にして青天白日ならば、二名の者を縛し町奉行に引き渡し、公明正大の所置を施すべき筈である。事のここに出でず、私誅を行いたる不法の極にして、神戸・朽葉の二名が悪行為ありしを僥倖《ぎょうこう》とせしものなり。

幕臣小栗上野介は、智謀に富み、当時幕閣を動かすの潜勢力を有したるものにて、勝安房・大久保一翁らと議合わず、忠奸の評は別問題として、彼は尊王攘夷の説には終始反対の地位にあり。清川八郎および五名の輩が閣老に向かって攘夷の実行を迫り、閣老すこぶる苦悶の折柄、第一に清川八郎を除き、第二に五名を除かんとの策を上野介が献策せしことは事実ならん。果たして事実と断定せば、五名を捕縛せし原因は、陽に金策の件を名とし、陰には上野介の秘策を決行せしものならん。上野介の真意は井伊大老の心事とあえて異なるところなからん。上野介の忠奸は容易に断定を下しがたし。

老生の友人長屋玄蔵〔平〕は、山岡鉄舟に師事したるものなりしが、清川八郎を崇拝せし一人にて、常に八郎の書したる軸を床上にかけ、八郎死後朝夕香花《こうげ》を手向けておった。

清川八郎の詠歌

さくら木を削りしたたむまこころは
すめらいくさの魁の花

五名は維新後放免せられ、石坂は石油事業をもって一時相当の資産を有せしも、終りは完からず。村上俊五郎は、山岡の股肱《ここう》たる幕臣松岡万《つもる》らと提携して、種々なる事業に奔走せしも、終りは完からず。和田理一郎・白井庄兵衛・藤本昇三名の終りは未詳。その他の三名は未詳なり。

山田一郎は清川八郎切害し、五名投獄の後、牛耳を取りたるも、放蕩にして素行修まらず。幕府より下付になりたる着込み鉢金の購求代金二〇〇〇余両を費消し、終に脱走して筑波山の暴徒に投じ死没した。

鯉淵太郎・村上定右衛門の二人、山田一郎、脱走後牛耳を取りたるも、黐坂邸標木の件につき投獄せられ、終りを詳《つまびら》かにせず。

池田徳太郎は、これより先、母の病気を名とし脱退し、維新後上総久留里の県知事として、その名現われしも、その後詳ならず。

根岸友山は温厚にして、博学の聞こえありしも、浪士輩の行動に不快を感じ、郷里武州入間郡兜（甲）山に隠棲《いんせい》せり。彼は資産家にして近郷に徳望を有し、子孫今に至って熾なり。氏に随伴し新徴組に残り庄内に下りたるもの三、四名あり。

山本仙之助（甲斐の侠客祐天）は、千住小塚原の妓楼において、大村達雄のために殺さる。達雄は祐天をもって父の讐なりと唱え、同士藤林鬼一郎これを助けたり。仙之助打たれたるのち、祐天なるもの別人なりとの嫌疑により、大村・藤林の両人は獄に下る。その後の消息を詳にせず（大村・藤林ともに新徴組の者なり）。

（頭註）「文久三年十月十六日、千住宿地内に殺害したるものなり」

以上の数名は重立ちたるものなれども、これらが脱退せしのちは、山口三郎首脳となり、藩公より録〔禄〕一〇〇石を給わる。

これよりさきに千住小塚原の妓楼において、山本仙之助（甲州の侠客祐天）・大村龍雄（ママ）なる者のため、父の仇として斬殺せらる。藤林鬼一郎これを助けたり。しかるに、事実人違いなりとて、大村・藤林の二人町奉行の獄に投ぜらる（維新後放免せられたるとの噂ありしも、終りを詳かにせず）。

ちなみにいう。山本仙之助は始め浪士募集の際、自己の子分二〇余名を随伴し、うち五名は荘内に下りたり。「断片記事」中に記載する若林宗兵衛は、五名中の一人なり。

幕臣に青木弥太郎なる者あり。凶悪にして胆力あり。往昔の白柄組ともいうべき勢力を有せり。向島小梅に妾宅を構え、陽にしる粉屋を営み（小梅しる粉と称し、繁昌せしもの）、陰に浮浪の徒を養い、そのしる粉屋を根拠とし、市中所々において強盗を働き、害を蒙るもの頻々、南北町奉行所に届書山積すという。

しばらく犯人判明せざりしも、天網疎にして洩さず、捜査の結果、青木弥太郎の巣屈〔窟〕を突き留め縛につけり。新徴組の時田庫之助、一味の中にあり。弥太郎の副として同時に縛につく。新徴組の中には無頼・粗暴の徒少なからざりしも、賊を働きしもの一人もなきに、時田は隊名を辱めたるものなりとて一同憤慨した。

小沢武四郎は剣客として名ありしが、素行修らず、新宿の妓楼に登り乱暴を働き、取り押えのため出張せし本藩の隊に抵抗し、辻正一郎氏のために斬らる。

森村藤之輔も剣客として名ありしが、市中において乱暴を働き、同士の弐番組廻り先にて取り押えんとせし際、抜刀して手向かいをなし、関根一作のために斬らる。

戊辰の春、江戸払いの際、脱退・離散せし人名は、左の如し。

柏尾右馬之助・小野道太郎は、病気のため願により御暇となる。

早川太郎・大島百太郎・園部為次郎は脱走。

ちなみにいう。早川太郎は乃木〔希典〕将軍殉死の後、彼も殉死として自刃せり。あるいは精神の異状なりしならんとの説あり。もっとも彼は質朴にして慷慨家であった。

第九節　「無告亡霊志士の姓名」と題する松本十郎翁の記事について　第一

天野静一郎・稲田隼雄・尾崎恭蔵・桂田寛吾の自刃

「無告亡霊の志士」と称する新徴組の天野・稲田・尾崎・桂田の四氏は老生の友たり。ことに桂田寛吾は新徴組の六番組にして、老生と組を同じうし、ことに同氏の自刃に至っては、老生刑法の処罰を受け、直接の関係あり。ここに四氏自刃の真想《〔ママ〕》を詳記し〔たり〕。

天野静一郎は明治三年〔一八七〇〕の秋、大泉藩において新たに東京市中の取り締りを命ぜられ、物頭疋田良蔵が足軽組一隊を率いて上京し、その任につきて浅草の誓願寺に屯せし時、天野は糺問掛として出京を命ぜられたるものなり。天野が出京についての事実は、亡友に対し述ぶるに忍びざれども、在国中不軌を企てたることあり。

当時新徴組の取扱役たる赤沢源弥が、天野を惜み密かに招きて改心せんことを諭したるに、前非を懺悔《ざんげ》しいささかも包蔵なく自由したり。赤沢いわく、「人誰れが過ちなからんや、改むるに憚らざれ可〔ママ〕なり。予は兄の前途に対し責任を負うべし。兄意に介するなかれ。今や藩公東京の取締を命ぜられ、一隊すでに上京せり。幸い糺問掛にその人を得んと欲す。兄今回の過ちを雪《すす》ぐため上京して尽すところあれど、天野は赤沢の厚意を感謝し、ぜひそのつかんことを懇望せり。赤沢いわく諾。しかし、それについては改めて兄と約する一事あり。今回の事柄、予は同僚に対して議せず、兄のために専断の取り計いをなす。過を再びせられては、予が面目に関すゆえに、兄至誠をもって職に尽くせ」と。天野いわく、「神明に誓い尊公の面に泥を塗るようなること決して致しません」と、堅き決心を示す。赤沢は大いに喜び出京せしめたり。

しかるに、天野に妾あり。一旦荘内に伴いしも、生計上の困難より暇を与えて帰京せしめしが、天野は上京するや妾との関係再生し、僅々たる手当金にて支うるあたわず。終に管轄内の富商より金を強請し、屯所に申告せらる。

その結果、帰国を命ぜられ、天野の一身上にこの不始末の発生するや、赤沢の性格として激怒にたえず。天野が帰宅するや、長屋玄蔵・内田柳松の二名に旨を含め、前約の破盟を詰問せしむ。二氏また「藩名を汚したるを責め、自刃してその罪を謝せ」と迫る。

天野も事ここに至つて自刃を決したのである。天野は屠腹に手を下し、半ばにして赤沢に面会せんことを乞う。二氏その理由を問えば、「東京のできごとは無根なれども、自刃したる上にあらざれば赤沢の怒を解くあたわず。死に臨んで一言を述べたし」と二氏旨を赤沢に紹介せしに、赤沢は「面会するの要なし」として拒絶す。

その間数十分を経過せしため、天野は急所の痛手に気息にわかに疲れ、すでに自から刃に伏すあたわず。二人に向かって介錯《かいしゃく》を乞う。二人見るに忍びず手を下したりと。決して始めより絞殺、自刃を装いたるものにあらず。

ちなみにいう。天野が死に垂んとして赤沢に面会せんと乞う。その心情愍むべきも、東京のできごとは無根なりとの理由は怪訝《かいが》の言にして、赤沢が面会を拒絶せしも至当なり。果たして事実無根なりとすれば、何ぞ自刃を決せずあくまで弁解して可なり。事実なればこそ自刃を決せしなり。天野は剣道世話役として強勇の名あり。無根の事柄を誣《しい》られ屈従するの徒にあらず。いわんや松本〔十郎〕氏の言ふ如き絞殺云々は、何人か捏造《ねつぞう》せしものなるべし。

稲田・尾崎における横死は、松本翁の記事と略同一なれども、県治の残酷を憤怒せしなどという事実は無根なり。まったく開墾の労力を嫌い漫然東京に去らんと欲せしほか、他に何等の理由なし。

今日より見る時は、同士の圧迫惨〔残〕酷に失せし如くなるも、当時新徴組の状態よりすれば、互いに誓約を守り結束せず成り行きに放任せんか、四散・崩壊その痕を留めざるに至るべし。

尾崎の如きも絞殺せしにあらず。自刃を迫りたるは事実なり。稲田の横死、天童とあるも東村山郡山寺村の誤にして、今なお現場に墓碑あり。

桂田寛吾の如き士風を矯正せんと欲する点より考うれば、不都合の行為ありしなり。老生当の責任者として惨酷なりとの誹《そし》りを受くる。あえて辞せず。今日に至り自ずから悔ゆるところあればなり。しかれども、松本〔十郎〕翁のいう如き絞殺云々は誣言なり。桂田の自刃は老生が勧むるところに相違なきも、自刃の覚悟は実に立派なるものにて、妻子に対し遺書を認め、辞世を残せり。

直に切る腹なでて見る寒さかな

こがらしやしがらみもなき瀬々の音

氏は俳句を好み、範水と号し、書を萩原秋厳に学び、能書なりき。老生訊問を受け、自刃の顛末《てんまつ》を陳述し、証拠物件として遺書を呈出せし時、係の法官早川（景矩）判事は遺書を熟覧せられ、惜しき者を殺したりと独語せられた。当時老生悔ゆるなきあたわず。覚えず血涙を濺《そそ》いだ。のち禁錮九十日の処罰を受く。追想すれば、実に慚愧《ざんき》にたえず。

桂田が豊山公の恩命に接し、肝煎萩谷弥太郎の宅にて祝宴を開きたる席上、正々堂々恩命の理由なきことを論じたる如く、松本翁は記したれども、かくのごとき事実さらになし。これらの説は後日何人か捏造せしものを誤伝せしならん。

第十節　「無告亡霊志士の姓名」と題する松本十郎翁の記事について　第二

桂田寛吾の自殺顛末

桂田寛吾は江州琵琶湖畔の産（村名未詳）、郷士の男《むすこ》なり。浪士募集の際、江戸にて召集せられ上京せしものにあらず。飯田町黐坂の邸にありし当時は、三番組伍長富田右覚の部下になりしも、鶴岡移住後六番へ組み替えとなり、老生と同組となれり。氏は文武ともに相当の修養あり。詩歌・俳句を好み、なかんずく俳句は範水と号し、宗匠たるの資格ありと称されたり。越後口へ出陣の際中、秋の夜鬼坂峠を踰《こ》ゆるとき、老生と路歩をともにす。氏の吟あり。

鬼坂のむかしは如何に今日の月

書道は萩原秋厳に学び、能筆の聞こえあり。松尾村のできごとは記述するに忍びざるも、その端緒を左に述べん。

藩公御留学の前、各隊において献上物の議あり。ある隊にては小鳥を捕獲し、ある隊にては磯釣の海魚をもってし、思い思いに仕向〔趣向〕を凝《こ》らせしが、新徴組ほかの諸隊に比し人数も倍加するところなれば、珍しき仕向けをなさんものと、松尾村に名高き亀淵と称する沼あり。

昔より何人も手を下したることなく、俗に亀淵の主が住みおるとの言い伝えありしところ、この沼の水を干さば珍しき獲物もあらんと一決し、近郷より人夫を雇い土俵をもって堤を築き、水車五台を据え、惣人数二〇〇名ばかり、二〇〇余円を費やし、二昼夜に渉り干水せしが、八分通り減水せしも、残り二分通り〔ママ〕にさらに減水せず。かえって増水するの傾きあり。止むなく断念して投網、その他の方法により漁獲せしが、結果四、五尺の鯉・鰻・鯰・大亀の類を獲って献上せしことあり。

その時不眠の状態よりすこぶる疲労せし余り、松尾その他の近村に至り飲食せしもの少なからず。桂田は平素酒を好みたるため、松尾村のある農家に入り乱酔せしのち、家婦に猥褻《わいせつ》の行為をなしたりと村民の告ぐるところなり。事実を捜査せしならば、自刃せしむるほどのことはあらざりしならんも、当時士風を矯正せん熱注せし折柄にて、勢いに乗じて惨酷〔残酷〕なることを演出せしものにて、老生は後日に至り深く悔ゆるところなり。しかし、老公の恩命に接し、肝煎萩谷弥太郎の宅において祝宴を開き、その席上にて桂田堂々と論じたるなどは根も葉もなきことなり。

かつ、老公の恩命は廃藩置県以前のことにて、肝煎の宅といえども各戸同一にして狭少なれば、多人数集りて祝宴などを開くべきようなきものなり。

明治十年〔一八七七〕の春、本間光美翁に随伴し、桂田事件の当時取り調べを受け、判事早川景矩氏を仙台に訪問せしことあり（早川氏は宮城控訴院長として官宅にあり）。その時早川氏より桂田自殺の顛末を語れといわれ、慚愧にたえざりし。早川氏も「実に惜しき人物を殺せり」と法庭〔廷〕で独語せられしことを操り替えされた。

椿佐一郎の横死

椿佐一郎の横死は秘密に属し、今日といえども洩泄《えいせつ》するに忍びず。御参考とし記述すれども、世人に広く示されざることを望む。

椿佐一郎は千葉県の産にして、清川八郎と進退をともにせし村上俊五郎の義子にして、文武の修養相当にあり、気節あるの士なり。尊王は彼が常に唱うるところ、戊辰の役、清川戦争と同時に彼は町奉行の檻倉に繋がれ、九月の始め放免せられ、湯田川の宿所に帰る。入檻せらるる当時、あえて官軍に通じたるにはあらざるも、彼が平素により警戒せられしものならん。老生とは無二の友にて、放免せらるるや、老生の出陣先へ無事放免となりたることを書面にて通じ来たれり。末筆に俳句あり。

闃のこだまに散るや萩の花

老生帰宿後は朝夕往来しつつありしも、老生に対しては秘密を語りしことなきも、後日に至り思いあたる一事は、老生が鶴岡より妻を娶りたるを悦ばず、尚早《しょうそう》を説きたることあり。椿が不軌の目的とするところは、荘内の藩情を政府に申告し、新徴組を一括して新徴組募集当時の趣旨に復し、尊王の途を講じなすあらんとの計画にして、仁科・天野の二人を党与にせんと欲して、一括するの策より出でしものならん。

天野静一郎は淡々として潔き性格なりし。赤沢氏も天野の性格を知り、〔戊辰〕戦争当時は終始赤沢の部下にあり。勇武なりしことは赤沢氏がつねに賞賛せしものにて、椿の事件起こるや赤沢氏は深く天野を惜しみ、忠告して救助せんとせしならん。仁科の密告により、椿の計画判然せしかば、取扱役は松平・菅・和田の諸氏に顛末を縷述し、何分の処置を仰ぎしならん。その結果、椿を除くほか策なきに決し、一つの手段を採りたるなり。その策たるや、まず仁科・椿に対し政府より召喚ありたりと伝え、上京を命じ湯田川を出発せしめ、仁科ほか御用のためしばらくの後に出発することとなり。椿一人をして松平氏の邸に招き、別宴を張り、船にて酒田に下り民政局に立ち寄ることとし、林茂助（当時民政局に対する周旋方なり）・山崎繁弥の二人を同船せし。ことさら時刻を延ばし夜に入らしめ、途中赤川尻において刺殺せしものなり（場所は不明、死体は河原に埋めたるならん）。

両、三日を経て、椿は不軌を謀り、訊問を怖れて途中より逃亡せしと唱導せり。しかりといえども、椿に同意せしもの少なからず。彼らは如何なる処分に遭遇せんかと戦々兢々《せんせんきょうきょう》たりしも、何らの処分なく黙過するに至れり。椿に同意せざるものも、仁科の密告なりと推測し、仁科の奸智なるに反目せり。椿の逃亡説は疑心暗鬼を生じ、あるいは事実とし、あるいは暗殺せられしものならんとするあり。なんとなく隊中穏かならざりしも、去りとて公然口外するものなく、日を経るの後、曖昧の中に葬り去れり。

ちなみにいう。老生が了解に苦しむの一事は、椿が戊辰の春、如何なる考えをもって快よく庄内に下りたるか。もっとも当時村上俊五郎は入獄中にて、音信は絶えたるも、彼はつねに勤王を唱い、伏見・鳥羽の戦争も知り、王政復古も知りながら、無意にして荘内に下りたる本志は如何なりしか。彼は決して新徴組の地位に甘んずる人物にあらず。老生彼に質問を試みざりしは遺憾にたえず。彼は雄弁家にして、文筆に長じ、容貌・風采・威儀厳然たるものにて、新徴組にあっては誰も彼の右に出るものなし。庄内に下らざるもなすあるの才識充分に備えたるもの。新徴組にあっては一番組の伍長にして、重用せられず、むしろ斥けられたるの冷遇を受けつつあり。心中不平は満々たるの結果、終に不軌を計るに至れり。

新整隊中田良吉・小林幡郎の横死

新整隊の中田良吉・小林幡郎の横死は、別隊なるをもって事実の真想〔相〕を知らず。両氏は面接せしことあるも、深く交際せしことなし。

小林幡郎は椿に髣髴《ほうふつ》たるところあり。一見気節ありて、才気あるの人と見受けたり。一、二耳にせしことあるも、史蹟は重大事なり。誤りを伝えて荘内史編纂者に責めを負わしむるは、老生の避くるところ、よって記述せず。

第十一節　千葉弥一郎の父兄に関する記憶

本記事は老生一家に関する事実にして、荘内史料として記せしものにあらざれば、貴会の用紙を用いません。記事中二、三御参考となるべき事実ありとすれば大慶なり。何分十三歳当時の見聞を記憶のまま記したのでありますから、あるいは誤謬《ごびゅう》がないと断言はできません。

父千葉新六郎

老生の実父は新六郎と称し、武州川越の城主（のち上野厩橋《うまやばし》に移る）松平大和守の藩士野口多内の六男にして、出でて千葉家を相続せしもので、溝口流の家元松野雲谷先生の高弟にして、文泉堂文谷と号し、藩の祐筆を勤めたりしも、故あって流浪《るろう》す（老生出生前にて年月未詳）。江戸に出て日本橋檜物《ひもの》町に住し、筆道指南をもって生計を営みおりしが、安政の六年（一八五九）中風症にかかり、医師の勧めにより転地療養として川越在福岡村に寄寓し、村夫子然として子弟に筆道・学問を教授しつつ、静養しつつありしが、文久三年（一八六三）の春、天下の有志を募集すると伝聞し、老生を同伴して再び江戸に至り募集に応ぜしものなり。

浪士の集合にて、子供を同居せしむるあたわず。老生は一時、浅草三軒町の古着屋松島屋へ丁稚《でっち》奉公せり。

四月十四日三笠町浪士邸取り囲まれたりと聞き、心配の余り父を尋ねしに、邸に入るところでない。四方は甲冑・着込・鉢金で身を固めたる兵士が数千人取り囲んでおる。近傍では今に合戦が始まると噂とりどり。少し隔たりて見物人おびただしく、混雑を極めておる。

何とも仕方がなく、止むを得ず帰宅して、翌十五日再び行きました。その時が父を尋ねた初めでした。邸内の長屋長屋は残らず浪士たちのおるところで、戸ごとの入口に木札に姓名が記載してありますが、父は何番組におるのかさっぱり分かりません。軒ごとに聞いて歩行《ある》いてようやく分かりました。

ちなみにいう。いまだ整頓せざる前のこととて、一組十四、五人もしくは二〇人前後も一組というべきか、一纏《まとま》りというべきかでありました。折節正午に近き時、賄方より食事を運んで来ました。当時一と纏りになっておった者は、なかばは山本仙之助の如き者がその子分を引き連れて来たり、根岸友山・金子龍之助の如きその門人を引き連れて来た者が纏っておった。

父は庄野伊左衛門の組で、惣勢一四人だという。各自荒々しき風にて、なんだか気味が悪く思いましたが、至ってやさしく「中食を喰べて行け」とか、「緩つくり遊んで行け」とかいってくれる人もありました。その時老生は子供心にも、千葉の子供は古着屋の丁稚をしておるといわれては、父の面目に関し辱《はず》かしきことと考え、中食を馳走になり、碌々《ろくろく》咄もせずに帰りました。父は門のところまで送ってくれ、小遣も少しくれました。

その時老生は父に向って、その辱しき理由を咄し、「当分出入せぬから、そう思うて貰いたい。浅草三間町は鼻の先で近いところである。互いに異状のある時は、すぐ知らせることにして、互いに心配せぬよう致しましょう。一刻も早く立派な御侍となって頂きたい」と、涙ながらに咄して別れました。

それから四、五日を経て、父は老生が世話になる礼かたがた古着屋へ尋ねて来てくれました。その時は二階で緩々《ゆるゆる》咄を聞きました。

「吾々は徳川家より報国尽忠の士という名をもって募集せられたものである。お前は知るまいが、報国尽忠ということは昔岳飛という人が唱えた語で、その人は実にえらい忠臣であった。しかるに、このあいだ京都より帰って来た同志の人々は、尊王攘夷を唱え勅諚《ちょくじょう》とかを賜わりて持っておるから、徳川氏に構わず浪士だけで攘夷をする。明日にも横浜へ打ち入るような咄がある。しかるに、吾々は募集せられたる当時、攘夷ということは少しも聞かぬ。去りながら、徳川氏が朝命を受けて攘夷するなら、報国尽忠だから宜し〔い〕けれども、浪士だけで横浜に打ち入るということは、同意ができぬ」という。「吾々同志もある一と口にいえば、過激派と穏和派、報国尽忠派と尊王攘夷派と、内心には異なるところがある。一体京都より下りたる連中は大言壮語、礼譲などということはさらにない。侍とか有志とかいう資格に乏しい。法螺《ほら》を吹くものが威張っておる。浪士の前途とははなはだ危ぶまれる。行末はまだ分からん。お前は当分この内に厄介になって辛抱せよ。一生古着屋の丁稚はさせて置かんから、その積りでおれ」と教訓された。

この頃、「両国橋へ首を曝したのはどういう訳です〔か〕」と聞いたら、父のいうには「少しも関係せぬからよく知らんが、とにかく穏当のやり方ではない。取り囲みを受けたも、畢竟《ひっきょう》それらが原因となしたのだろう。愚父は落ち着いて成り行きを見る積りだ、報国尽忠は固く守る」と答えた。

兄千葉雄太郎

慶応元年〔(一八六五)〕の春、兄雄太郎父と同棲《どうせい》し、部屋住で召し出され、市中見廻りを勤め、父は六月病没し兄が相続して、その年の十二月神田明神前のできごとで切腹したのである。

ちなみにいう。飯田町黐坂下の邸に移ると同時に、姉が同士荘野伊左衛門に嫁し、同人の周旋により老生は一つ橋公の師範役櫛淵太左衛門の塾に入り、時々新徴組の剣道をも学んだ。櫛淵先生が「新徴組の柏尾右馬之助は天下の名人だ、流義なんかはなんでも構わんから、同人より教示を受けろ」といわれた。

〔終わり〕

解説

原著について

本書は本来、様々の観点から自由な立場で議論してもらう素材（史料）の紹介・出版であり、その利用の便をはかるために人名索引、および浪士組・新徴組士一覧、略年表を補編した。解説で先行して多くを指摘することはフェアーでないから、あえて突っ込んだ議論は慎むこととした。以下、本書の理解を深めていただくため必要と思われる、若干の指摘をするにとどめたい。

まず、本書に収録した著作の伝存経緯については、今野章氏の「地方文書の収集と保存―鶴岡市郷土資料館の場合―」（大友一雄氏編『平成一五年度～平成一七年度科学研究費補助金（基礎研究B）研究成果報告書　アーカイブ情報の集約と公開に関する研究』、二〇〇六年同氏発行）、同氏「鶴岡郷土資料館設立までの変遷」（山形県地域史研究会編『山形県地域史』三四、二〇〇九年同会発行）、および長南伸治氏「荘内史編纂会の基礎的研究―発足から解散までの活動―」（米沢史学会編『米沢史学』第三一号、二〇一五年同会発行）から多くを学ぶことができた。が、それらの成立年（脱稿）の絞り込みはけっして容易でない。

長南伸治氏の作成になる荘内史編纂会蔵書一覧によれば（前掲論文所収）、千葉弥一郎の著書、製本冊数、入手年月日、その方法については、次の通りとなっている。

『幕末の奇傑　小栗上野介』　製本一冊、昭和二年五月謄写
『最上川架橋・渡部作左衛門・史談笑話』　製本一冊、昭和三年十一月謄写
『新徴組と荘内藩』　製本一冊、昭和三年十一月購入
『会津藩と荘内藩・御方覚金事件・白井為右衛門氏事績・維新前江戸市中取締の庄内藩・明治初年断片記事』　製本一冊、昭和四年三月謄写
『交通ノ変遷ト庄内米ノ運輸』　製本一冊、昭和四年三月謄写
『廃藩置県前後ノ庄内秘話稿』　製本一冊、昭和七年八月購入
『わが新徴組の薩摩屋敷焼打』　製本一冊、昭和十三年四月謄写
『新徴組史料』　製本一冊、入手年月日未記載
『新徴組』　製本一冊、入手年月日未記載

この限りであれば、千葉弥一郎の著書（稿本）の原本はなく、いずれも写本として入手されたとみなされ、その時期は昭和二年（一九二七）五月から、千葉死後の同十三年四月にいたる

ことが判明する。

なお、千葉弥一郎述『新徴組』の稿本巻頭には、石原重俊宛千葉弥一郎書簡が綴じ込まれていて（拙稿「新徴組史料調査報告」〈日野市立新選組のふるさと歴史館製作『巡回特別展　新徴組―江戸から庄内へ、剣客集団の軌跡―』〈同館叢書第一〇輯、二〇一二年日野市発行、第三篇、一七一〜一七二頁〉）、石原重俊を経て荘内史編纂会へ提出された時期がはっきりしている。

それによれば千葉は、石原から依頼のあった筆記は遅々としながらも、とりあえず完成したので送付するとしている。つづけて、「何となく物足らぬ心地……遺憾千万」とし、記事の順序が前後しているところもあるだろうから、ご参考までという含みで、その取り扱いを願いたい。いずれ思い出したり、必要と考えることは後便をもって筆記にして送付するつもりであるとしている。『新徴組』の脱稿は、書簡の日付である大正十三年（一九二四）十二月十日としてよかろう。

したがって、本書に収録したそれぞれの原稿の成立（脱稿）は、大正十二年（一九二三）十二月から『新徴組と荘内藩』が購入された昭和三年（一九二八）十一月直前とみてまちがいなかろう。ただし、この原稿は「謄写」とされながらも、前述した千葉の書簡とその筆跡を見較べれば、編纂会職員ではなく著者千葉自身による「浄書本」が直接購入されたと判断され、いわゆる写本とは区別されるべきである。

著書の所蔵先である『鶴岡市立図書館・鶴岡市郷土資料館郷土資料目録』（一九七九年同館発行）によれば、

『会津藩と荘内藩』　荘内史編纂会（写本、和三八丁）
『新徴組と荘内藩』一・二　荘内史編纂会（写本、和九二丁）
『新徴組』　荘内史編纂会（写本、和四〇丁）

と記載されるが、これらも千葉の自筆浄書本として評価できるか、再検討すべきではなかろうか。

登場人物と内容紹介

さて、本書で引き合いに出る新徴組士以外の人物について、若干触れておきたい。
前述した石原重俊は、当時は荘内史編纂会職員であった。石原は明治五年（一八七二）から昭和十九年（一九四四）まで生存し、庄内の小学校校長をつとめた教育家・郷土史家でもあった。本書の記述によれば、『荘内史編纂史料』のうち、当時は「庄内藩別冊記事」を担当していたらしい。

同様に、大槻如電は著名な漢学者磐渓《ばんけい》の次男であり、東京在住の在野の学者・著述家であった。弘化二年（一八四五）から昭和六年（一九三一）まで生存し、その著書『幕末の浪士・続幕末浪士談』が、やはり荘内史編纂会の写本（和四三丁）として、鶴岡市郷土資料館に現存している。

松本十郎は旧名を戸田総十郎直温と称し、天保十年（一八三九）から大正五年（一九一六）まで生存した元庄内藩士であった。明治維新後は、蝦夷地開拓に従って開拓大判官（裁判官）まで抜擢《ばってき》されたが、長官黒田清隆との意見対立によって、明治九年（一八七六）庄内鶴岡へ下野して以後農業に従事した。享年七十八歳。晩年、回顧録『空語集』一四〇巻を著した。本書第六章第九節・第十節に見える「無告亡霊志士の姓名」は、『空語集』に収められた漢文体の著作である。

本書の内容面について述べておきたい。

第一章・第二章は新徴組の総論ないし通史である。各叙述の後段に付けられている、「ちなみにいう」の出だしで始められるコメントは読み応えがあって面白い。なかでも、とりわけ興味深いのは、慶応元年（一八六五）狼藉幕臣永《なが》島直之丞に対する市中廻り新徴組による斬り捨て、その直後の三組士の自発的切腹という著名な事件にかかわった、兄千葉雄太郎の辞世についてのコメントである。

千葉いわく。「この詩（和歌・漢詩）荘内史編纂会の投書にして、『鶴岡日報』へ新徴組の記事として掲載せられたるなか、亡兄雄太郎の辞世の作とあれども信じ難く、当時親友が賦したるの《（ママ）》の誤伝と想像せらる。亡兄の作として掲載せられたるは、実弟として感謝にたえざるも、史蹟は国家の重大事にして、いささかも誤りなからんことを切望し、左に一言す。亡兄はすこぶる勇気に富みたる性質にして、武士は何時どんなところで死ぬか分からんといって、羽織の裏襟へ姓名を記して縫い付けておった、武辺一途で文辞にははなはだ拙なかった。詩作などはできぬ。いわんや書き置きの末文に『切り捨て候は私一人にござ候』とありて、『焠《さく》士《し》三刀ど《（ママ）》も一声』は矛盾しておると思う」と。

なお、漢学者石島勇氏のご教示によれば、「乙丑冬感慨」と題した漢詩は次のように訓読・解釈できる。

【訓読例】

（慶応元年）乙丑冬の感慨

狂《きょう》夫《ふ》蹣《まん》馬《ば》猥《みだ》りに隊を破り、焠士三刀ともに一声、晰《せき》（晰《せつ》）々たる朔風《さくふう》吹きて後《のち》止み、松間の円月光明を益す

【解　釈】

常軌を逸した男と、よろめく馬が、むやみに隊列に突っ込み乱したが、隊の雄士三人が刀を抜いて、（声をそろえて）一声のもと斬り倒した。そのあと、はっきりとして（あるいは「星が光り」）北風が吹き、やがて止んだ。近くの松林には満月がかかり、ますます光り輝いている。

ほかに、第一章の「浪士組の上洛」では、組士山口三郎の直話《じきわ》として、池田徳太郎の母の病気を名とした脱退と、本人の性格や思想性についてのコメントがある。「浪士組から新徴組へ」では幕末の尊攘論や清河暗殺をめぐる幕閣の思惑《おもわく》についての千葉の見解が述べられている。なお、「庄内藩士新徴組士と同藩江戸市中一手取り締り」では、新徴組の江戸市中における名声が誇らしく語られている。「亡兄の辞世への疑義」では、狼藉幕臣永島直之丞についての誤認が若干みられ、その顚末もはっきりしているので、以下に簡潔に述べておきたい。

直之丞は江戸鶏声ケ窪《けいせいがくぼ》（文京区）に上屋敷を持つ高五〇〇石の幕臣であった。永島家は承応《じょうおう》元年（一六五二）浪人徒党一件（承応の変）を密告した功績によって「御家人」に取り立てられ、武蔵国児玉・榛沢《はんざわ》両郡において五〇〇石の地方知行《じかた》をする家系となった（『新訂寛政重修緒家譜』第二一、一九六六年続群書類従完成会発行、二二九〜二三〇頁）。同家は「寛政重修諸家譜」では将軍との御目見え記載がなく旗本と断言できないが、もしも御家人で地方知行であれば大変に珍しい。幕末の直之丞の知行所は武蔵国児玉郡のうち鵜森村二〇七石余と見えるが、榛原郡の知行所は改易のためか見えない（木村礎氏校訂『旧高旧領取調帳』関東編、一九六九年近藤出版社発行）。

直之丞の処分については、江戸の情報屋『藤岡屋日記』に詳しい。慶応二年（一八六六）四月二十四日に直之丞惣領の巳子太郎へ対し、次の通り老中水野和泉守忠精《ただきよ》（山形藩主）から申渡があった。すでに父直之丞が庄内藩市中見廻りの者に討ち果たされたため、知行所と屋敷を没収し、その跡式は惣領にも下されないという厳しいものであった。この趣旨は、頭《かしら》支配（上司）である小普請組支配石川又四郎を経て伝達された。

同様の申渡は、明組《あきぐみ》の小倉源之丞の伜政吉へも伝達されており、没収された父源之丞の御切《おきり》米《まい》と屋敷の跡式は、やはりくだされなかった。両家とも改易に処せられたのであった。この小倉家は旗本家の分知によって誕生した旗本に比定でき、もともとは知行三〇〇石の小性組番（両番格）の家系であったとみられる（『新訂寛政重修緒家譜』第七、一九六五年発行、三四三〜三四四頁）。したがって、討ち果たされたのは永島直之丞だけでなく、小倉源之丞の二人であったことが判明する（鈴木棠三・小池章太郎両氏編『近世庶民生活史料　藤岡屋日記』第一三巻、一九九四年三一書房発行、五一七頁）。永島だけの狼藉が流布され、小倉が表向き問題にされていないのは、両番格の家系であったためであろうか、永島は御家人ながらかつて知行取であったことへの羨望の裏返しとしてターゲットにされたのか、いずれにせよいまだ判然としない。

第三章の三点の人名録は、新徴組士のデータベース作成には多大の寄与をする史料であるが、それだけではない。附言において、「朱書は、幕吏および浪士中重立ちたる者の動静に対して、見聞するところの事実を述べたるものなり」とあって、新徴組関係だけでなく、近藤勇・土方歳三・根岸友山・新見錦・沖田総司・藤堂平助・長倉（永倉）新八など、新選組にもおよぶ伝聞になる人物評が大変に興味深い。第五節の組士山口三郎より聞書では、池田徳太郎の中途離脱の真相についてのコメントがある。

第四章は、これまでほとんど引用・紹介されていない、千葉が新徴組士となって自ら体験した慶応三年（一八六七）三月以降の記事が中心となっている。第一節から第四節の事件は、江戸の情報屋『藤岡屋日記』などからも補足できないものばかりである。第五節の組士山口三郎からの聞書は、他人に仮託した千葉の人物評の可能性を完全に排除できないが、興味深い内容である。山口三郎の偽医者の経験談は眉唾《まゆつば》ものと評されがちであるが、一面で当時の医療の実態をうまく言い当てている。第六節では、千葉が司法省入檻中に出会った藤田任（茨城県権典事、藤田東湖次男）の記述が面白いが、リップサービスが過ぎる演出の可能性もある。

第五章は、組士の人物像が描かれる。桑原玄達の項目で庄内藩校「致道館」の学風と藩儒赤沢源弥について、詳細に語られているのが注目される。

第六章新徴組史料は「史料」の文字が宛てられているが、いわゆる史料集ではなく、内容的には証言録風の史話集に相当する。その緒言では、元治《げんじ》元年（一八六四）二月の新徴組屋敷の標杭一件、すなわち「酒井左衛門尉屋敷」ではなく、「新徴組屋敷」であるとする組士鯉淵太郎・中村定右衛門《さだえもん》の抗議・暴状、および「新徴組の者はほとんど足軽扱いを受けた」などというのは、「新徴組瓦解の前夜、不平を唱うるものの宣伝せしなかの一つ」としている。

また、「私が幼年時代に見聞きせし一部分を記し、かえって世人の疑惑を招くの恐れあれば、ここには私が亡父兄の跡目を相続し、新徴組の一人となりたる慶応二年（一八六六）三月以後、すなわち市中見廻りを勤務せし以来の事柄を記す。これとて六十余年を経過し、別に筆記せしものもなく、単に記憶に止めるをもって、年月日の如きははなはだ不分明、大略を記すのみ。もっとも記事中、当時秘密にせし事柄なしとせず。しかし、事実見聞のまま露骨なるため、あるいは他人に対する毀誉《きよ》・褒貶《ほうへん》・批判に類する点あらんも、あえて故意にあらず。事実を事実とせしものなれば、宜しく取捨せられんことを伏して希《ねが》うのみ」と付言している。桂田寛吾の自刃については、重ねて「松本（十郎）翁のいう如き絞殺云々は誣言《ぶげん》なり」と断言している。第七節「薩摩屋敷焼き打ちの事実」においては、新徴組の長屋玄平が焼き打ち以前、薩摩藩邸に密偵として潜入していたと記されている。

前述したように、本書に収録した原稿は「荘内史料編纂会資料」として、その求めに応じて東京で書かれ、編纂会へ提出されたものである。そのことは本文に「庄内史編纂へ提出するため執筆」、あるいは私事にわたっては「貴会の用紙を用いません」などと記されることから明らかである。その執筆動機は、本文にもるる記されるように、基本的には編纂会からの執筆依頼であった。さらに、新聞等で発表されたり、編纂会へ提出された他者の編纂資料に対して、自発的に反論・弁明することもあったに違いない。

不可解な兄の切腹と、みずから関わった組士の切腹という、立場をまったく逆転させて体験した「切腹」事件。それに対する千葉の二律背反的な証言にこそ、事件の本質が示唆されているかもしれない。

第四章第六節、第五章、および第六章第五・九・十節は、新徴組士の自発的切腹に名をかりた新徴組幹部による暗殺とも評されてきた、明治初年新徴組の内訌そのものを扱っている。ここでは事件に対する千葉の弁明が多々見られる。

他方、千葉は田辺儀兵衛に心酔し全幅の信頼をおいていると、まったく無防備に語る。山口三郎からの強烈な感化とはいえ、田辺に対する絶大な賛美で飾られた叙述は、一見慎重な千葉にしてはあまりに冷静でなく、記述には何か別の意図があるのではないかと勘ぐらせる。庄内藩閣老である松平権十郎・菅《すげ》善太右衛門などの人物評はとても面白いが、これまた他人の名をかりた自己評の可能性もあり、すべてに信をおくわけにはいかない。

庄内藩閣老三人のプロフィールを、庄内人名辞典刊行会編（致道博物館内）『新編庄内人名辞典』（一九八六年庄内人名辞典刊行会発行）などによりながら、以下に掲げておこう。

松平権十郎

諱は親懐《ちかひろ》。通称は権十郎など。天保九年（一八三八）四月二十七日鶴岡で生まれた。安政六年（一八五九）家督八〇〇石を相続して組頭となった。文久三年（一八六三）中老となり新徴組御用掛となった。元治元年（一八六四）二〇〇石を加増され合計一〇〇〇石の禄高となり、江戸勤番・新徴組取扱頭取となった。慶応三年（一八六七）家老として一七〇〇石の禄高となった。戊辰戦争では軍事掛、庄内藩総帥として二二〇〇石となった。明治二年（一八六九）大泉藩大参事、同四年酒田県参事となったが、同七年ワッパ騒動により引責辞任し、のち司法処分を受けた。同五年からの松ケ岡開墾の総取締として同四十四年の辞任まで総長をつとめた。大正三年（一九一四）九月三十日病死。享年七十七歳。

菅《すげ》　実秀《さねひで》

諱は実秀。通称は秀三郎・善太右衛門。文政十三年（一八三〇）正月八日鶴岡で生まれた。嘉永二年（一八四九）家督一五〇石を相続し、同六年世嗣忠恕の近習となったが、安政五年忠恕の急死で御役御免となった。文久元年（一八六一）藩主忠寛の近習頭となり、同三年郡奉行を経て、家老松平権十郎を補佐して江戸市中取締にあたった。慶応元年（一八六五）御用人、同三年藩主忠篤の御側用人となり、知行は九〇〇石となる。戊辰戦争では軍事掛・参謀をつとめた。明治二年（一八六九）中老、同三年大泉藩権大参事、同四年酒田県権参事を経て、同七年辞職した。同八年鹿児島の西郷隆盛を訪ねた。酒井家の諸事業として、後田山（松ケ岡）の開墾、銀行業、養蚕・製糸・機業、米穀取引所などを手がけた。同二十三年「南洲翁遺訓」を発刊し、その普及につとめた。同三十六年（一九〇三）二月十七日病死。享年七十四歳。

田辺儀兵衛

諱は柔嘉。通称は儀兵衛。文政八年（一八二五）庄内藩士東野利右衛門の三男として生まれた。嘉永三年（一八五〇）田辺羽右衛門の聟養子となり、家督一二〇石を相続した。文久二年（一八六二）五月江戸勤番として御使者番となった。同三年帰国して櫛引通代官を経て、同年十一月再び江戸勤番となり、元治元年（一八六四）九月からは新徴組頭取となった。慶応二年（一八六六）国許で郡代となり、戊辰戦争では軍事掛をつとめ三〇〇石の禄高となった。明治二年（一八六九）磐城平《いわきたいら》への転封阻止のため政府への献金策に従事した。

同四年酒井県大属となった。同二十八年（一八九五）三月十日病死、享年七十一歳。

慶応三年庄内藩重役の不祥事

慶応三年（一八六七）九月に得た情報源として、江戸の情報屋『藤岡屋日記』には、驚くべき庄内藩江戸藩邸詰重役の不祥事が記録されている（前掲『近世庶民生活史料　藤岡屋日記』第一五巻、一九九五年三一書房発行、二二六～二二八頁）。関係した村方の届書・訴状を抜萃しながら、幕府密偵によって幕府上層部へ報告された三点は、いずれも上申書写である。残る一点はそれに対応した幕府の高札写であり、一点は江戸市中で流布していたか、それに仮託した藤岡屋由蔵作の狂歌である。

まず踏まえられるべきは、当時江戸の状勢は「無政府状態」に近く、新徴組を中心とする庄内藩勢による市中巡回が、緊迫の度をましていたなかで起こったことである。主に前半の三点によって、事件を復原して描いてみたい。

江戸近郊の隅田村《すみだ》（墨田区）の周辺は当時、将軍以外の狩猟が禁止された「御留場《おとめば》」であったが、こともあろうに庄内藩士が一度そこで鉄砲狩猟を行い、当日は二度め三人での来訪であった。安之助《やすのすけ》（三十五歳）は隅田村名主坂田三七郎の弟であったこともあり、村方の百姓二、三人を引き連れて迫った。「只今は農業の繁忙期であり、鉄砲を撃たれましては、もしそれ玉があって百姓が怪我《けが》でもしては難渋《なんじゅう》でございます。どうか鉄砲で鳥を撃つことはご無用になされませ」と咎めたところ、藩士の一人が立腹して鉄砲で撃ちかかろうとした。

安之助はそれでも引き下がらず、かえって藩士の鉄砲を取り上げ、右の腕をとって名主宅へ連れて行こうとした。ところが途中で、その藩士が「手をゆるめてくれ」と言ったため油断したところ、刀を引き抜いて一刀のもと安之助は切り殺されてしまった。八つ半時（午後三時頃）、場所は向島土手下での事件であった。その結果、早鐘を撞《つ》いて合図したため、村中の百姓大勢が「得物」（鋤《すき》・鍬《くわ》・鳶口《とびぐち》・竹鑓《たけやり》・棒切《ぼうきれ》など）を持ち寄って取り囲み、一人は逃げ去ったが残る二人を生け捕りにし、身柄は佐々井半十郎の代官役所へ差し出された。

別の上申書では、事件に至るまでの経過がさらに具体的に記録されている。当日一行は千住宿あたりまで遠馬乗りに出かけた。酒食の席で、千住宿一丁目の百姓岩五郎が鉄砲での鳥撃ちを勧めたところ、酔いも手伝って面白いとなって、岩五郎から西洋筒（洋式銃）二挺を借り受け、藩士はその召仕《めしつかい》の侍を伴って、千住宿裏の葛西《かさい》領村々の野道通りで発砲し、雁・鴨一羽ずつを撃ち留めた。七つ時（午後二時）ころに隅田村地内の御留川へさしかかった時、事件は起こった。

安之助は、左の襟先から首筋へかけて切りつけられ即死であった。発砲音に誘われて、次第に多人数が見物していた。その藩士は両刀を抜いて、飛ぶ鳥のごとく振り回し群集を追い散らしたが、一人が鳶口で片足を払った。藩士が思わず田のなかへ踏み落ちるところを、大勢で近づき打擲《ちょうちゃく》(乱暴)して刀を取り上げた。藩士も頭上に切傷や打撲による打ち腫れが残ったとする。

代官役所での扱いは以下の通りであった。即座に現場に検使(死体検分)が出され、代官役所には勘定所から御勘定《おかんじょう》が出張して代官を宥《なだ》め、庄内藩酒井家からは留守居《るすい》が出張して「内分」の扱いが密々協議された。百姓からこの事件を表向きに願い出されては、酒井左衛門尉様の御役儀(江戸市中一手取り締まり)にもかかわるので、内済(仲裁)の取り扱いを名主に強く勧告することとなった。翌九月二十九日夜には、安之助は傷《きず》療養中のつもりで、発砲はなかったことにし、その藩士の身柄は留守居が引き取った。これに不服の百姓は上野寛永寺へも訴え出たともいう。

こうして事態はついに内済となった。庄内藩主酒井家から隅田村へ諸入用として金一〇〇〇両が支給され「内分」となった。この当事者の藩士は武芸の達人と賞揚され、才気にも優れ、近年格別の功労をもって知行高五〇〇石(のち九〇〇石に加増)・御側用人に昇進した、いたって「有福(幸せ者)」とする。一時の「過ち」から不慮・大変を引き出し、哀れななりゆきに至り、古来より稀な「内済」になったと江戸市中で風聞がたったという。

ちなみに隅田村が得た一〇〇〇両のうち、六五〇両は酒食そのほか諸雑用となって費消され、これに諸謝礼・仏事入用などを引き去ると、手元になにも残らなかっただろうと上申されている。

その藩士の氏名は、菅《すげ》秀三郎実秀《さねひで》と記される。

千住宿の大橋の前後、ならびに耕地道の入口には、「御留場内へ鉄砲携帯して殺生《せっしょう》する者に対しては、見かけ次第差し押えて訴えるべし。手に余るならば打ち殺しても苦しからず」とする高札が建てられた。この事件には「鳥尽くし」と題した狂歌が添えられる。

運上をとりてとらせるとりなれば　とめてとまらず皆とんで行く

史料批判の重要性と小山松勝一郎氏の著書

本書の読者に偏見を植え付けるべきでないが、二、三注意を促したいことがある。

まず、本書を証言録とは題したものの、千葉が幼少であった文久三年（一八六三）から新徴組士となる慶応二年（一八六六）三月までの叙述について。これは伝聞や後世に収得した多くの情報に依存しており、一組士としては当然知り得ないことが多々含まれている。やはり「尽忠報国」の志士の次世代であった千葉なりの、晩年の「総括」的解説として評価されるべきであろう。また、維新後脱退した組士についての記述や評価は、たとえ幕末の江戸における新徴組の活動であっても、けっして好意的には描かれていなかったり、事実そのものが歪曲・黙殺されている可能性すらありうる。それらを前提にすべきと思われる。庄内の明治初期からは、粛正された新徴組関係者の荒い息づかいだけでなく、庄内藩全体の重苦しく沈黙する雰囲気が、今にそのまま漂ってくる。

こうして、最終節は弥一郎の生家千葉家に及び、「二、三御参考となるべき事実ありとすれば大慶なり。何分十三歳当時の見聞を記憶のまま記した」から「誤謬《ごびゅう》がないと断言はできません」として、父の千葉新六郎、兄雄太郎について述べられる。ここでは新徴組士となった父と子の語らいが述べられ、しばし安堵できるが、父の尊攘論を詳細に披瀝しているのに対し、兄についてはあまりに寡黙である。とともに、父の「尽忠報国」の志は弥一郎にとって、もはや他人事《ひとごと》でしかなくなっていることに驚きを禁じ得ない。

そして末尾には、千葉の剣術師匠櫛淵太左衛門から、「新徴組の柏尾右馬之助は天下の名人だ、ぜひ教示を得よと説諭された」と結ばれる。剣客集団新徴組の本質と技量を暗喩する逸話であって、含蓄にみち印象深い演出と思われる。

老齢の千葉弥一郎とて、幕末・維新を壮絶に生き抜いたからには、墓場まで持って行きたい一つや二つ、いや数知れない秘密があったろう。はからずもか、成り行きでか、もはや構わないであろうとの判断かはわからない。新徴組の隠密廻りや、長屋玄平の焼き打ち以前の薩摩藩邸潜入などが、淡泊な文脈で語られる。この叙述こそは、千葉自身が密偵の訓練を受けていたか、密偵部隊に所属していたからこそ知り得た、「極秘情報」であったと思わざるを得ない。

明治初年の脱走組士に対する偵察・粛正のあり方は、韓流時代劇『オクニョ』で描かれるチェタミン（密偵）の暗躍を髣髴《ほうふつ》とさせる。明治時代、警部としての千葉の職務は、やはり刑事か公安警察であっただろうかと想像をかきたてられる。

以上のように、本書は証言録とは題したが、そもそも人間は自分に都合の悪いことに寡黙となる生き物である。所詮著述には、外部批判に対する弁明・釈明・弁護・防衛、といった内容を含みがちである。

本書の内容がすべて事実であるとも限らないから、その史料批判は避けられない。引用するには「千葉弥一郎によれば」と断らざるを得ない。しかし、その内容は史料だけでは補足できない、当事者しか知り得ないことが多々含まれ、大変興味深く魅惑・誘惑に満ちている。それがゆえに、そのまま使って奈落《ならく》に落ちれば、あまりにも冒険に満ちた軽率かつ危険な行為と批判されざるを得ない。

今後史料発掘が進めば、本書の内容を他の客観史料をもって検証できる箇所が増えると期待されるが、仮に千葉が当然関与して知悉していたと判断されながら、千葉によってまったく触れられない箇所が判明したならば、それは自己に不都合な黙殺行為とみなされる。語られなかったことにこそ、庄内藩の新徴組に対する「秘密」が絞り込まれると予想される。

時代小説のエンターテインメントの材料としてなら気楽であり、興味のつきない内容を誇っているが、はたして証言のどこまでが真実で、どこに演出や創作があるのか、その線引きがきわめてむつかしいのである。

小山松勝一郎氏は、地元庄内の誇る漢学者・教育者として有名な方であるが、その著書として『清河八郎』（一九四七年新人物往来社発行）、『新徴組』（一九七六年国書刊行会発行）を上梓されている。しかし、著書のなかでは、千葉弥一郎の著書を二、三参考文献に挙げてはいるものの、本書後半で紹介した証言録をほとんど引用・参照していない。

それはなぜであろうか。同氏がこの証言録の存在を知悉していたとするならば、証言録に対して信をおいていなかったと判断される。だからといって証言録すべてを排除するのもいかがなものかと思われる。それは編者だけの妄想であって、同氏が網羅主義者ではなく、たんに『新徴組と荘内藩雑話』・『新徴組史料』の存在を知らなかっただけなのかもしれない。

著者の真意は未詳とせざるを得ないが、本書の記事のなかで小山松氏が前書『新徴組』ではほとんど触れられていない話題は、以下に掲げる通りである。いずれも慶応三年（一八六七）以降であり、千葉のような当事者しか知り得ない情報ばかりと判断される。

第四章　新徴組と荘内藩雑話
第一節　慶応三年（一八六七）秋　忍び廻りの開始
第二節　慶応三年（一八六七）十月　猿若町酒屋強盗一件
第三節　慶応三年（一八六七）十一月二十三日　表二番町旗本徳永帯刀屋敷白昼強盗一件
第四節　慶応三年（一八六七）十二月　新徴組非常詰の開始
第五節　組士山口三郎より聞書
第六節　新徴組投獄記事
第六章　新徴組史料
第二節　新徴組のできごと
第三節　板橋町のできごと
第四節　吉原遊廓のできごと

なお、小山松氏は前掲『新徴組』において、千葉をつぎのように記している。

千葉弥一郎は、新徴組生き残り唯一の人として、新徴組の逸事を子母沢寛氏に伝えたことで有名である。ただし記録とだいぶ異なった説（千葉の説自体をさすのか、子母沢寛の著作の説かは区別できない……西脇註）があるので注意しなければならぬ。俊敏な人で……（二二九頁）

小山松氏は小説というジャンルで前二著を上梓されたが、対話形式など明らかな虚構を除くと、創作や演出は極力抑えられ、実録に近似する歴史小説となっている。そのことは、参考文献にあげられた史料等を丹念に読み込んだ上で再読すれば、実に納得がいくものである。

致命的なのは各叙述の典拠が参考文献として一括されているだけで、どの史料をもとにした叙述なのかがまったくわからない。小説とは、それが許されるジャンルであろう。しかし、これでは読者や研究者が、原典にあたりなおす途を鎖していて、研究史における発展性に乏しい著作といわざるを得ない。また、市川団十郎と松平権十郎をセットにした錦絵が評判になったとか、「松平権十郎の絵姿が、『新徴組首領』として、役者・遊女の浮世絵と並んで売り出された」（二〇四頁）とか記すが、それらがはたして実在したものかなど、若干の疑念は晴れないままである。

したがって、氏の二著は清河八郎や新徴組についての叙述がたとえ真実であったとしても、それは研究史には位置づかず、歴史学という学問分野の物差しではノーカウントになってしまうのが、ひじょうに残念である。

編者のこれまでの活動

最後に、本書の内容に深く関係する史料発掘・展示・公刊について、近年の編者の活動を紹介させていただきたい。

日野市教育委員会文化財担当副主幹であった藤井和夫氏（のち日野市立新選組のふるさと歴史館館長）とともに、同市の新選組等の史料調査と展示・公開事業に従事し始めたのは、二〇〇三年十一月であった。数年後、先輩の加藤貴氏（早稲田大学教育学術院講師）に伴われ千代田区立四番町歴史民俗資料館（担当学芸員滝口正哉氏）から新規購入史料の保存措置と整理目録作成、および翻刻・校訂を委託された。この史料は、江戸町奉行所与力を世襲した原家伝来の古文書類で、やがて「原胤昭《はらたねあき》旧蔵資料」の名称が付与された。

とりわけ後者に並行して従事することで、浪士組そして新徴組・新選組の生みの親ともいえる清河八郎の、重要な史料に遭遇することができた。文久元年（一八六一）の清河八郎町人斬り一件についての真相を語る、町奉行所側の内部史料が含まれていたである。その全体像は、すでに拙校訂「廻り方手控　六」文久元年七月越後新潟より羽州鶴ケ岡出役書留　清川八郎事跡　山本（啓助）（千代田区教育委員会・千代田区立四番町歴史民俗資料館編集『原胤昭旧蔵資料調査報告書（3）―江戸町奉行所与力・同心関係史料』平成二〇一〇年同会・同館発行、一一六～一六一頁）において公刊されている。

また、それをもとにした同館主催歴史講座の講演録を、拙稿「見直されるべき清河八郎の町人無礼討―新発見史料による真相と再評価の必要―」（千代田区立四番町歴史民俗資料館編『千代田の幕末』二〇一〇年同館発行）として、その要点を公刊させていただいた。これにより、時代小説などで描かれる従来の通説、すなわち「清河八郎は酒に酔って、罪なき一町人を斬殺して、お尋ね者になった」という汚名・濡衣《ぬれぎぬ》はほぼ晴らされたと思われる。

この清河の「町人斬り」は、江戸町奉行所が長らくの内偵を経て、政治犯容疑の江戸尊攘派を一網打尽にする逮捕計画のなかで、まさに必然的に起こった不幸であった。江戸日本橋甚左衛門町（中央区）における衆人環視のなかで、町奉行所は多数の捕吏をもって取り囲んだが、こともあろうかその逮捕に大失敗した。清河に接近して斬殺された「町人」は、町奉行所の捕吏（同心下引・岡引）であったことが確実視される。町奉行所がその隠蔽工作として、「町人斬り」による逃亡だと誇大宣伝した事件なのであった。

清河父は庄内藩郷士という下級の武士身分であったが、武士の特権とされる「無礼討ち」はそもそも無条件のものでなく、事後に町奉行所などへ出頭して細々《こまごま》とした手続きを重ね、「無礼討ち」に該当する事例か幕府の審判を受けることが義務づけられていた。武士とはいえ郷士であり、正々堂々と出頭しては、別件の尊攘派活動の容疑としてきびしい拷問を受け、不本意に「自白」させられる可能性もあった。

清河の著述「潜中紀事」（山路弥吉編纂『清河八郎遺著』一九一三年民友社発行）によれば、自身が捕縛の対象とされていたとは露も思いあたらなかったようである。あまりに武防備な政治活動と江戸市中往来であった。ここは事態を正確に把握するためにも、一時逃亡するしか選択肢はなかったであろう。

新徴組の史料については、庄内の鶴岡市では鶴岡市史編纂会編纂『明治維新史料』幕末期（鶴岡市史史料編　荘内史料集一六―一〈平成元年鶴岡市発行〉）などにおいて、これまで翻刻・紹介されてきた。

清河八郎については、石島勇氏の訓註で『清河八郎著「潜中紀事」訓註』（『日野市立新選組のふるさと歴史館叢書第十二輯』二〇一四年日野市発行）が近年上梓された。

編者もこれまで歴史館の嘱託仕事として以下の通り翻刻・公刊に従事してきたので、実証研究を志願される読者はぜひご参照いただきたい。

○（中西崇氏と共編）「富士吉田市歴史民俗博物館所蔵文書」（『日野市立新選組のふるさと歴史館

叢書』第一輯、第二篇第三章、二〇〇六年日野市発行）
文久三年二月～慶応四年四月十九日新徴組勤番日記　分部実敬
○「鶴岡市郷土資料館所蔵文書」（『日野市立新選組のふるさと歴史館叢書』第一輯、第二篇第四章）
元治元年五月二日～慶応三年七月新徴組御用私記　田辺儀兵衛
○「鶴岡市郷土資料館所蔵文書」（『同』第三輯、第三篇第一章、二〇〇八年日野市発行）
一　文久三年『操兵練志録』陽十二摘録
二　元治元年『同』陽十三摘録
三　元治元年『同』陽十四摘録
四　慶応元年～同四年『同』陽十五摘録
○「鶴岡市郷土資料館所蔵文書相田家史料」（『同』第四輯、第三篇第一章第三節、二〇〇九年日野市発行）
一　元治元年八月『新徴組掛り御役人石附姓名并新徴組明細帳』
二　元治元年六月『新徴組御宛行金・御役金其外取調帳』
○「鶴岡市郷土資料館所蔵文書」（『同』第十輯、第三篇第一章第一節、二〇一二年日野市発行）
一　元治元年（一八六四年）～慶応三年（一八五七年）　新徴組御用記
二　中村一麟日記筆叢　十（抄録）　慶応元年（一八六五年）

三　中村一麟日記筆叢　十一（抄録）　慶応四年（一八六八年）
四　文久三年（一八六三年）十一月九日　上野直記宛鞍貫藤三郎書状
五　大正十三年（一九二四年）十二月十日　石原重俊宛千葉弥一郎書簡

◯「鶴岡市湯田川温泉隼人旅館所蔵文書」（『同』第十輯、第三篇第一章第二節）
一　慶応四年（一八六八年）　新徴組組士喜瀬十松　道行文
二　明治四十一年（一九〇八年）五月　新徴組残留品提供の記写

◯「富士吉田市歴史民俗博物館所蔵・寄託文書」（『同』第十輯、第三篇第一章第三節）
一　安政五年（一八五八年）中秋　書して同志に贈る「伊香保温泉に遊ぶの記」　清河正明著
二　文久三年（一八六三年）三月二十八日　浪士組入隊につき御届書
三　文久三年（一八六三年）三月二十八日　浪士組入隊につき御届書案
四　文久三年（一八六三年）十月　浪士組入隊につき御届書
五　文久三年（一八六三年）十一月二十五日　新徴組御委任につき老中被仰達
六　文久三年（一八六三年）十一月　御府内昼夜廻りにつき老中申渡写
七　文久三年（一八六三年）十一月　新徴組庄内藩主へ御任せにつき老中達写
八　文久三年（一八六三年）頃　新徴組之内武蔵・上野・甲斐三箇国より罷出候者之中

土着願上候ニ付心得之件々大概
九　元治元年（一八六四年）二月　御家人身分止宿等之大法につき申渡
一〇　慶応元年（一八六五年）二月　庄内忠義之大名え出府前御渡相成度御書面之案
一一　慶応元年（一八六五年）九月六日　口上覚
一二　慶応元年（一八六五年）十二月　旗本切捨一件につき諸達願写
一三　慶応元年（一八六五年）十二月　旗本切捨一件につき諸達願写
一四　慶応元年（一八六五年）十二月二十七日　旗本切捨一件につき申達写
一五　慶応二年（一八六六年）正月朔日　庄内藩主・新徴組取扱頭取へ幕府御褒状につき
披露之御達写
一六　慶応三年（一八六七年）七月　新徴組士風につき肝煎一同口上覚
一七　慶応四年（一八六八年）正月十六日　新徴組御屋敷桑原様御宅桑原甲斐宛土御門殿
御役所差紙
○「東京大学史料編纂所所蔵採訪写真帳抄録」（『同』第十輯、第三篇第一章第四節）
一　万延元年（一八六〇）七月日～慶応二年（一八六六）六月　修行日記帳　第二号
甲陽都留郡上暮地産早川文太郎源義信
○「鶴岡市郷土資料館所蔵文書」（『同』第十一輯、第二篇第一章第一節、二〇一四年日野市発行）

一　文久二年（一八六二年）原氏写　風説書（幕末の政情に関する覚書）
二　文久元年（一八六一年）～明治二年（一八六九年）聞書雑書（抄）
三　万延・文久年間　温海組大庄屋御用留抄
四　荘内脱藩勤王志士資料　清川八郎（抄）
五　大府輯録四十五　文久二年（一八六二年）上（抄）
六　大府輯録四十七　文久三年（一八六三年）壱（抄）
七　大府輯録四十八　文久三年（一八六三年）弐（抄）

○「根岸友憲氏所蔵文書」（『同』第十一輯、第二篇第一章第二節）
一　文久元年（一八六一年）正月二十五日　根岸友山・青山賢兄宛清河八郎書状
二　文久元年（一八六一年）二月二日　根岸友山宛清河八郎書状
三　文久三年（一八六一年）正月七日　根岸伴七宛清河八郎書状
四　文久三年（一八六一年）正月二十五日　根岸伴七宛清河八郎書状
五　文久三年（一八六一年）二月三日　根岸伴七宛根岸友山書状
六　文久三年（一八六一年）二月二十四日　根岸伴七宛清水卯三郎書状
七　江戸年未詳九月二十五日　根岸伴七宛千葉周作書状
八　文久三年（一八六三年）七月四日　根岸伴七宛町田賢蔵書状

九　文久三年（一八六三年）二月　浪士上京之節連名上書之写
一〇　文久三年（一八六三年）二月　御用留
一一　文久三年（一八六三年）三月　根岸友山　御用留
一二　文久三年（一八六三年）初夏　一番組根岸友山　御用留　第壱冊
一三　文久三年（一八六三年）六月　新徴組一番根岸友山　御用留　第二冊
一四　文久三年（一八六三年）晩秋　新徴組一番根岸友山　御用留　第四冊

○「中村定弘氏所蔵文書」（『同』第十一輯、第二篇第一章第三節）
一　文久三年（一八六三年）正月晦日　根岸友山宛北野小兵衛書状
二　文久三年（一八六三年）四月二十九日　中村伊右衛門宛中村定右衛門書状
三　文久三年（一八六三年）十月二十八日　中村定右衛門宛山田宗司口上
四　文久三年（一八六三年）十月晦日　中村定右衛門宛宗右衛門書状
五　文久三年（一八六三年）十月頃　新徴組中村定右衛門明細短冊
六　文久三年（一八六三年）頃十二月三日　中村定右衛門宛三上七郎書状
七　文久三年（一八六三年）臘月十八日　中村定右衛門宛根岸友山書状
八　文久三年（一八六三年）頃　新徴組剣術教授方小頭中村定右衛門印鑑
九　文久四年（一八六四年）二月八日　中村定右衛門宛根岸友山書状

一〇　文久四年（一八六四年）二月八日　中村定右衛門宛根岸友山書状
一一　文久四年（一八六四年）二月二十二日　中村定右衛門宛塚田東作書状
一二　文久四年（一八六四年）二月二十三日　新徴組田辺富之祐歎願書
一三　文久四年（一八六四年）二月　中村定右衛門宛申渡
一四　文久四年（一八六四年）二月　熊谷在原島村名主四郎兵衛宛中村定右衛門書状
一五　文久四年（一八六四年）二月頃　中村定右衛門宛田口徳次郎舌代
一六　元治元年（一八六四年）六月　中村定右衛門宛申渡
一七　文久三年（一八六三年）十月　新徴組規則控　中村定右衛門
一八　文久四年（一八六四年）正月　御用留　中村定右衛門
一九　文久三年（一八六三年）〜元治二年（一八六五年）三月七日　新徴組一条（中村定右衛門等赦免歎願留）

このうち、鶴岡市郷土資料館の所蔵史料については、今野章氏の「庄内藩江戸市中取締について　付新徴組史料解題」（『日野市立新選組のふるさと歴史館叢書』第十輯、第二篇第一章、六七〜七四頁）から多くを学ぶことができる。

史料に基づく現段階での新徴組の通史・各論（スケッチ）については、次の四点の拙稿がある。

○藤井和夫氏と共著『図録　日野宿本陣　佐藤彦五郎と新選組』（〈日野宿叢書第二冊〉、日野市新選組まちおこし室制作、二〇〇四年日野市発行）

○「清河八郎の書画・刀剣稼業について―商才に満ちた江戸遊学―」（〈日野市立新選組のふるさと歴史館叢書第一輯第二篇第一章〉、日野市立新選組のふるさと歴史館製作、二〇〇六年日野市発行）

○『常設展示　解説図録　新選組・新徴組と日野』（〈同館叢書第六輯〉、同館製作、二〇一〇年同市発行）

○「企画コーナー展示　新選組誕生前夜～新選組の『生みの親』清河八郎～」（〈同館叢書第九輯第一篇〉、同館製作、二〇一二年同市発行）

○「巡回特別展　新徴組　江戸から庄内へ、剣客集団の軌跡」（〈同館叢書第十輯第一篇〉、同館製作、二〇一二年同市発行）

○「巡回特別展　新選組誕生と清河八郎」（〈同館叢書第十一輯第一篇〉、同館製作、二〇一四年同市発行）

この間、早稲田大学において刊本の『藤岡屋日記』の記載を時系列で紹介しながら、幕末の世相を講義する機会が十年ほどあった。全一五巻を読破してみると、浪士組・新徴組・新選組だけでなく各地草莽《そうもう》志士の動向などが、不確かな噂話を含めて随分と多く収録されていたことに驚き、大変学ばせていただいた。江戸の情報屋『藤岡屋日記』は、有料で顧客に定期回覧された情報誌（写本）の「情報収集原簿」と想定される。その情報源は幕府の役人、それも評定所や寺社奉行所・町奉行所・勘定奉行所の属吏などから入手しており、信頼できる内容のものが多かった。会員の中心は諸藩の留守居などではなかろうか。本書でもその経験を解説に生かせ、改めて刊本恐るべし、藤岡屋由蔵恐るべしの感がある。さらに、実に精確な判読と翻刻であり、編者・校訂者の労苦に対して感謝の念にたえない。

また、音楽ディスプレーとして二〇一二年、音楽家藤田勉氏の作曲、編者の企画・演出・制作をもって、BGM『幕末　庄内の旋風《せんぷう》　清河八郎：東国尊攘派、早すぎた草莽志士の巨魁新徴組：全国の志士、庄内藩につどう』（インスツルメント）を発表し、音楽CDも自主製作したことも申し添えたい（清河八郎記念館で頒布中）。

おわりに

史実と創作とはきちんと区別されるべきである。

創作が先行すると、さまざまの虚像が暴走して史実への回帰が不可能となってしまう！　そんな危機感が編者の重い腰に火をつけ実現した出版であった。

清河八郎・浪士組・新徴組・新選組・庄内藩、および組士それぞれの実像を史料に基づいて描く際には、ぜひ本書をまず読んでいただきたい。

それにしても、「尽忠報国」の名のもとに幕府に集められた浪士組の志士たちの、その後の身の置きどころのなさは、新選組であろうと新徴組であろうと、組士にとっては不本意の連続であったに違いない。新選組は士分化の時期こそ新徴組に遅れたが、会津藩御預りを経て、幕臣（旗本・御家人）に登用され、旧幕府軍（義軍）として戊辰戦争を戦い抜けた。最後まで残った土方歳三らは、蝦夷《えぞ》地に新国家構想を抱きその実現をめざすなかの、壮絶な箱館（函館）における敗北であった。

他方、新徴組はといえば、早期に最下級幕臣の身分を手に入れたが、幕府のご都合主義によってすぐに庄内藩の足軽級身分に転落させられた。そして、江戸の「お廻り」として治安維持活動に尽忠報国の志を実現しようと、日夜忍耐強くつとめはした。しかし、譜代中藩とはいえ、庄内藩がとった新徴組への措置は、最下級武士でこそあれ安定した生活に慣れ親しませ、尽忠報国の志を忘却させる思惑《おもわく》であった。新徴組を藩内に封じ込め、心身ともに「志士」を換骨奪胎する作戦であった。戊辰戦争で庄内藩兵は連戦連勝のまま降伏にいたるが（一度も負けた戦がない）、その軍団の強さに通底する結束と戦術と戦略はどこか謎めいている。

新選組は独身者ないし、家族と離れた単身者の参加が原則であった。新徴組は、組屋敷における家族との同居が原則とされ、通常の養子縁組や家督相続も許され、庄内藩は福利厚生面でも手厚い措置を講じて懐柔した。

ところが、一転して江戸から見ず知らずで、縁もゆかりもない庄内への転居が新徴組に命じられた。現代ならあたかも、青雲の志を抱き国家公務員に合格したものの、政府の勝手な都合で気づいてみれば、東北の地方公務員へ転属させられたに等しい。もはや天下・国家を論ずることも禁止され、生活維持のため原野開墾にのみ駆り出されるとは、夢想だにしていなかったことだろう。

この間、なんとたったの十年のできごとであった。志士の本懐は遂げられなかった。ここに新徴組が悲劇的結末にいたる、真の原因があったと思われる。

編者は加齢が身に浸みつつも、「晩節を汚す」と心配するほどの功績がないし、「目は眼鏡、歯は入れ歯でもことたれど」と嘆く心境にもない。しかし、老境に入るとかく人間は、自らの生きざまに整合性をとって旅立ちたい心理となるものらしい。世にあふれる自叙伝はその結実であろうが、いずれも研究史料として引用するには危ういものばかりと実感される。はたして千葉弥一郎は、いかがであったろうかをともに考えながら、読者とともに歴史の真相に迫りたいと念願している。編者もこれから史料にみる新徴組を、時系列で書き始めたい。

宮地先生には及びもせぬが、せめて書き足《た》し新徴組

他方、創造的営みとしては、千葉弥一郎を主人公とした小説・映画・ドラマ・アニメなどが成立するものと期待できる。

本来なら庄内地域において、地元の研究者の手によって発刊されるべきところ、差し出がましい行為と思われる向きがあれば、どうかご寛恕をお願い申し上げたい。

二〇一八年十一月吉日

武蔵野僅貨軒仮舎にて

西　脇　康

お世話になった皆さんへ、芳名を記して謝意とします。敬称は略しました。

秋保　良（鶴岡市郷土資料館）
阿部博行（鶴岡市）
池田定志（庄内町）
生駒哲郎（東京大学史料編纂所）
石島　勇（漢学者）
井上雅夫（井上源三郎資料館館長）
うなぎ若林（鶴岡市）
岡井二朗（日野市立新選組のふるさと歴史館）
尾崎真弘（東京都）
加藤　貴（早稲田大学教育学術院）
今野　章（鶴岡市郷土資料館）
大坪冬彦（日野市長）
金野啓文（日野市立新選組のふるさと歴史館館長）
齋藤　清（前清河八郎記念館館長）
齋藤耕治（清河八郎記念館理事長）
齋藤わか奈（東京都）
酒井忠久（致道博物館館長）
庄司重雄（湯田川温泉隼人旅館）

菅原昭治（山形県庄内町）
高橋秀之（日野市立新選組のふるさと歴史館学芸員）
滝口正哉（早稲田大学）
竹村　到（日本女子大学）
谷川尚哉（中央学院大学）
中村定弘（熊谷市）
根岸友憲（熊谷市）
長谷川奈織（日野市立新選組のふるさと歴史館）
馬場弘融（前日野市長）
廣田幸記（清河八郎記念館館長）
藤井和夫（元日野市立新選組のふるさと歴史館館長）
藤田　勉（音楽家）
保谷　徹（東京大学史料編纂所所長）
松下　尚（日野市立新選組のふるさと歴史館学芸員）
宮地正人（歴史学者）
本林義範（谷中全生庵）
柳川泰善（庄内町）
横山伊徳（東京大学史料編纂所）

新徴組略年表

和暦	西暦	月	日	事項
文久二	一八六二	12	8	幕府、浪士募集を決定。
文久三	一八六三		24	浪士組参加者、小石川伝通院に集合。
		2	8	浪士組、江戸を出発（二月二十三日、京都到着）。
		2	24	清河八郎、上書を提出。
		2	30	清河八郎、イギリス軍艦の江戸湾来航のため、江戸へ帰ることを願い出る。
		3	3	関白鷹司政道、浪士組の東帰を命じる。
		3	4	将軍家茂、上洛。
		3	13	浪士組、京都を出発（三月二十八日、江戸到着）。
		4	3～	浪士組幹部が浅草御蔵前の札差など富豪町人へ軍用金の強談に及ぶ。
		4	9	浪士組、偽浪士として岡田周蔵（朽葉新吉）・神戸六郎を斬殺、上野広小路の米沢町に梟首、捨札をする。
		4	13	清河八郎、暗殺される。
		4	14	幕府、浪士組幹部を捕縛。

和暦	西暦	月	日	事項
文久三	一八六三	4	15	浪士組は「新徴組」と命名され、庄内藩預かりとなる。
		6	3	江戸城西之丸火災に新徴組が出動。
		8	23	新徴組、幕府歩兵組による両国の象小屋うちこわし事件に出動。
		9	12	幕府、組士は小普請方伊賀者次席の格式、三人扶持・金五両と申し渡す。
		10	15	千住宿一丁目の往来で、組士の大村達尾が組士の山本仙之助（祐天）を仇討ちする。
		10	26	幕府、庄内藩など一三藩に江戸市中警備を命じる。新徴組、江戸市中取締りに参加する。
		11	12・13	本所三笠町御用屋敷から鵜木坂御用屋敷へ半分が引っ越す。
		11	20	幕府、新徴組の一切を庄内藩に委任すると通達。
元治元	一八六四	4	-	幕府、新徴組へ派遣していた諸役人を引き揚げる。
		5	3	新徴組士は庄内藩士となる。
		7	26	新徴組、長州藩の檜屋敷を包囲するため出張。
		8	19	庄内藩、幕府領御預所二万七〇〇〇石を新徴組附属分として加増される。
		10	-	庄内藩、新徴組一統へ江戸市中廻り方を申し渡す。
慶応元	一八六五	3	-	新徴組、鉄砲稽古を開始。

		4	15	幕府、庄内藩に江戸市中の昼夜廻りを一手に任せる。
		6	-	黐木坂御用屋敷完成、新徴組すべての引越が完了する。
		7	14	元飯田町俎橋で組士森村東之助の乱心事件。
		8	-	小頭三村伊賀右衛門と組士馬場熊蔵が喧嘩に及ぶ（九月九日両人は切腹）。
		12	12	新徴組芳賀忠次・中村常右衛門・千葉雄太郎、神田明神前で狼藉幕臣永島直之丞・小倉源之丞を討ち果たす（十二月二十六日組士三人切腹）。
慶応二	一八六六	8	21	組士石原槌太郎、自殺。
		10	4	組士石原新作の暗殺。
		11	26	組士岩間清四郎の乱心事件。
慶応三	一八六七	7	-	新徴組、幕府歩兵組と衝突する。
		秋	-	新徴組、忍び廻りをはじめる。
		10	-	新徴組、猿若町酒屋強盗事件に出動する。
		10	-	新徴組、幕府歩兵隊との応接事件を起こす。
		10	末	新徴組、板橋関門守衛の旗本本多内蔵允隊と問答事件。
		11	23	新徴組、表二番町旗本徳永帯刀邸白昼強盗事件に出動、組士山田貢は強盗の倅「小天狗」を斬殺する。

慶応三	一八六七	12	26	庄内藩、江戸芝の薩摩藩邸を襲撃する。
明治元	一八六八	1	23	庄内藩の江戸市中取締、廃止となる。
		2	20	庄内藩主忠篤、帰国のため江戸出立。
		2	26	新徴組、江戸を引き揚げ庄内出立を開始（三月十四日鶴ケ岡へ到着、一九日湯田川へ到着）。
		4	2	新政府、庄内藩追討令を出す。のち新徴組、清川村へ出陣、転戦する。
		7	28	庄内藩、矢島城を攻略する。
		9	23	庄内藩、新政府軍に降伏。
		10	10	新徴組、湯田川へ帰陣する。
		12		忠篤の弟忠宝、庄内藩主となる。
明治二	一八六九	9	-	庄内藩、大泉藩と改称する。
明治三	一八七〇	9	-	組士椿佐一郎、暗殺される。
		10	-	前藩主忠篤、藩士を率いて鹿児島へ留学する。大宝寺村に新徴屋敷を給与される。
明治四	一八七一	3	-	天野静一郎、切腹する。
		7	-	廃藩置県により、大泉県となる。

明治五	一八七二	4	-	新徴組士、盟約を結ぶ。
		7	22	組士、大量脱走する。
		7	26	組士稲田隼雄が自殺、尾崎恭蔵が逮捕される。
		8	17	後田山（のち松ケ岡）開墾はじまる。
		10	15	組士桂田寛吾、切腹する。
明治六	一八七三	2	27	組士、大量脱走する。
		3	-	脱走組士、司法省へ告訴する。
		4	17	赤沢源弥ほか、東京鍛冶橋監獄へ送致される。
		5	-	金井質直ほか「県官奸悪十か条」を司法省へ提訴する（ワッパ事件）。
		8	19	酒田臨時裁判所で新徴組裁判が始まる。
明治七	一八七四	3	-	新徴組裁判の判決出る。

新徴組《しんちょうぐみ》の真実にせまる

最後の組士が証言する清河八郎・浪士組・新選組・新徴組

日本史史料研究会ブックス 001

2018（平成 30）年 11 月 10 日　第 1 版第 1 刷発行

ISBN978-4-909658-06-7 C0221

著　者　西脇　康（にしわき・やすし）

1956年、岐阜県養老町生まれ。

東京大学史料編纂所所員（専門職員）・東京国立博物館客員研究員・日野市立新選組のふるさと歴史館運営審議会委員・日本計量史学会理事。元早稲田大学・東京農業大学等講師。早稲田大学大学院博士後期満期退学。

著書に『旗本三嶋政養日記』『絵解き金座銀座絵巻』『佐渡小判・切銀の研究』『甲州金の研究』『新選組・八王子千人同心関係史料集』など多数。映画時代考証に「必死剣鳥刺し」（平山秀幸監督）「桜田門外ノ変」（佐藤純彌監督）など。

発行所　株式会社 文学通信

〒 115-0045　東京都北区赤羽 1-19-7-508
電話 03-5939-9027 Fax 03-5939-9094
メール info@bungaku-report.com　ウェブ http://bungaku-report.com

発行人　岡田圭介

編　集　日本史史料研究会
〒 177-0041 東京都練馬区石神井町 5-4-16
日本史史料研究会石神井公園研究センター

装　丁　岡田圭介
組　版　文選工房
印刷・製本　モリモト印刷

人名索引

う

え

お

か

き

く

こ

さ

し

す

せ

そ

た

ち

つ

て

と

な

に

ぬ

ね

の

は

ひ

ふ

へ

ほ

ま

ゆ

よ

ら

わ

浪士組・新徴組士一覧（五十音順）

①本表では、浪士組に参加して新選組を結成した人物を割愛した。史料不足により人物の改名変遷を捕捉できず、同一人物を別名でカウントしている恐れが多分にある。「荻」と「萩」が判読困難であり、写本には誤字・脱字が多いとみられるなど、再検討を要する。②宮地正人氏による「浪士組・新徴組隊士出身地別一覧表（文久３年現在）」（『歴史のなかの新選組』（2004年岩波書店発行、228〜263頁）に収録される人物のプロフィールを継承するため、その収録番号を併記して対照の便宜をはかった。番号で追加としたものは、文久３年（1863）以降、新規に召し抱えられた組士である。③出身地は「生国」として採用したが、記載によっては当時の居住地も多々みられるので、あきらかに居住地の場合は末尾に「住」と特記した。また、編年の記載の異同は（　）で併記した。身分は、幕臣・藩士・旗本家臣・浪人・百姓・町人・医師・社人に区別したが、目安程度としてご理解いただきたい。

姓　名	宮地番号	生国	郡・藩等	村	年齢	身分	上京	文久3年9月12日
相原倉吉	追加							
相原主膳（八郎右衛門）	165	甲斐	巨摩郡	小笠原村（御嶽村）		社人		御暇
青木庫次郎	218	常陸						○山口三郎
青木慎吉	268	下野	足利郡	大前村	31		○	
青木谷五郎	127	上野	新田郡	市野井村	28		○	
青木平六郎	92	上野	勢多郡	佃村	45		○	
青木錬太郎	追加							
秋野源兵衛	208	常陸	那珂郡	額田東郷		百姓		
秋山直之進	243	信濃（武蔵）	筑摩郡（葛飾）	（西葛飾領須崎村）	33	浪人		○村上常右衛門
秋山八郎治	追加							
阿久津小太郎	238	常陸				藩士		
浅井六郎	325	近江	浅井郡	上野村	35	郷士		○山本仙之助
浅川助次郎	186	甲斐	巨摩	谷戸村				御暇
朝日奈一	187	甲斐						
朝比奈儀三郎	追加							
麻生曾平	254	信濃						
天野清一郎（静一郎）	77	武蔵	江戸（賀美）	（安保町）	34	浪人		○渡辺平作

凡例で④「上京」とした「○」は、実際に上京した人物であることが、さまざまの史料によって確認できるものである。⑤それぞれの出典は、「文久3年9月12日」は『見聞雑話』第6号（『日野市立新選組のふるさと歴史館叢書』第2輯、2007年日野市発行、134〜135頁、中津川市苗木遠山史料館所蔵）、「元治元年11月頃」は『操兵練志録』陽14（『同叢書』第3輯、2008年発行、106〜115頁、鶴岡市郷土資料館所蔵）であり、「○」はその名が見え、所属した小頭氏名を表記した。「元治2年3月改」は「新選組姓名明細記」（『同叢書』第4輯所収〈元治元年8月『新徴組掛り御役人石附姓名并新徴組明細調帳』に合冊〉、2009年発行、111〜121頁、同館所蔵）、「慶応元年10月」（「○」その氏名が見え、所属した小頭氏名を明記）と「庄内入」（○はその名が見える）はともに『新徴組明細書麁調』（小山松勝一郎氏著『新徴組』、昭和51年国書刊行会発行、248〜287頁）によった。なお、「元治2年3月改」で「×」とした人物は史料では「当時相欠ケ候者」と見え、逃亡と見なされた。

いずれも不完全なものであり、今後校訂・修正が望まれる。

元治元年11月頃	元治2年3月改	慶応元年10月	庄内入
		○石原伊之助	○
○石原伊之助	相原主膳、子41才、甲府御代官福田所左衛門支配所、同州巨摩郡御嶽村社人、父相原弥門、倅倉吉		
○萩谷弥太郎	秋山直之進、子34才、元寄合席内藤加賀守家来、有故浪人、武州葛飾郡西葛飾領須崎村住居、父秋山平兵衛死、浪人、倅無之	○萩谷弥太郎、信濃国筑摩郡住、35才、浪人秋山平兵衛倅	○
○大熊領兵衛	浅井六郎、子36才、井伊掃部頭領分、江州浅井郡上野村郷士、有故国元を立去、父浅井平内死	○大熊領兵衛、近江国浅井郡上野村、37才、郷士平内子	○
	×浅川助次郎、子28才、甲府御代官福田所左衛門支配所、同州巨摩郡谷戸村百姓、父孫右衛門死、倅無之		
三番隊小頭	天野静一郎、子35才、故武田家臣、八木但馬守支配小普請鈴木頼母知行所、武州賀美郡安保町住、父助右衛門死、倅五郎三郎、妻子同所住居	（静一郎）6番組小頭・世話心得、武蔵国、36才、鈴木頼母元家来助右衛門子、	○

姓　名	宮地番号	生国	郡・藩等	村	年齢	身分	上京	文久3年9月12日
雨宮仁太郎(仁一郎)	157	甲斐	八代郡	東原村	38		○	
新井久七	115	上野	佐位郡	茂呂村	48		○	
新井敬一郎	82	上野	碓氷郡	原市村	41		○	
新井式部	327	山城	京都		28	浪人	○	
新井(荒井)庄司	28	武蔵	比企郡	上横田村	33		○	
荒井進左衛門	171	甲斐	都留郡	下吉田村	50			
新井精六郎(清六郎)	14	武蔵	埼玉郡	菖蒲村	32		○	
荒井縫右衛門	176	甲斐	都留郡	下吉田村	50	百姓		○村上常右衛門
粟田口辰五郎	113	上野	佐位郡（群馬）	伊与久村(中斎田村)	44	浪人	○	○柏尾右馬輔
飯塚謙輔	154	甲斐	八代郡	甲府（下一条町）	42	医師		世話役→小頭
飯野清三郎	54	武蔵	榛沢郡	寄居	40		○	
池田徳太郎	342	安芸	豊田	忠海村	33	浪人	○	
石井新左衛門(新五右衛門)	266	下野	足利郡	葉鹿村	43		○	
石井鉄之丞	219	常陸						
石川弘次(弘治・弘司)	365	(武蔵)	(江戸)					○山本仙之助
石倉久七	109	上野	佐位郡	伊勢崎	41	浪人	○	世話役→小頭過人（新徴組諸事取扱）
石坂宗順	67	武蔵	江戸		32		○	
石原厚司(原司)	追加							
石原伊之輔(伊之助)	116	上野	佐位郡	武士村	34	浪人	○	○柏尾右馬輔
石原嘉市	136	上野	新田郡	大根村	36		○	
石原熊太	122	上野	新田郡	邑田村	21		○	
石原(原)周碩	100	上野	群馬郡	前橋	31	浪人	○	

元治元年11月頃	元治2年3月改	慶応元年10月	庄内入
○中沢良之助	荒井縫右衛門、子50才、御代官増田安兵衛御預（抹消）「地」、甲州都留郡下吉田住人、養父縫右衛門死、長男音司12才、二男守之助2才、妻子同所住居、元武田家旧臣、天正年中有故浪人	○中沢良之助、甲斐国都留郡下吉田村、52才、百姓縫殿右衛門養子	○
○庄野伊左衛門	粟田口辰五郎、子45才、酒井下野守領分、上州佐位郡伊与久村百姓、高井但馬守知行所、上州群馬郡中斎田村住居、先祖代々浪人、父粟田口太郎死、伜同浪蔵、同所住居	文学世話心得○庄野伊右衛門、上野国群馬郡中斎田村住居、46才、浪人粟田口左（太）郎子	○
弐番隊小頭	飯塚謙輔、子43才、甲州府中下一条町、勤番支配太田筑前守支配所、元武田家臣、数代浪人、父新五右衛門死、伜玄蕃同所住居、二男保稽古場住	3番組小頭、甲斐国甲府一条町住居、44才、元武田家臣、累代浪人、医業、撃剣小野派一刀流、新五右衛門伜	○追放、長男謙三郎庄内入
(弘治) ○中村又太郎	石川弘司、子29才、元酒井雅楽頭家来、有故浪人、根来栄三郎家来渡辺信之助方同居、父石川隣蔵、大坂京橋同心、伜無之		
	×石倉久七、(年齢未記載)、酒井下野守領分、上州佐位郡伊勢崎住居、父五郎兵衛死ス、伜1人		
			○
(伊之助) 三番隊小頭	石原伊之佐、子31才、上州佐位郡武士村、加納遠江守領分百姓、父佐太夫、伜武右衛門、同所住居	(伊之助) 6番組小頭、上野国佐徒（ママ）郡武士村住、36才、浪人石原佐実子	○

姓　名	宮地番号	生国	郡・藩等	村	年齢	身分	上京	文久3年9月12日
石原新作(新蔵)	155	甲斐	八代郡	藤井村	23		○	(石沢〈原〉新蔵)○吉田庄輔
石原辰三郎	97	上野	勢多郡	室沢村	27	百姓	○	御暇
石原鍛	追加	上野	新田郡	田村		浪人		○鯉淵太郎
石原槌太郎(植太郎)	366	上野	佐位郡	赤堀村(伊勢崎)		浪人		○萩谷弥太郎
石原富蔵	188	甲斐						○飯塚謙輔
市岡十太郎(重太郎)	322	尾張(武蔵住)	名古屋(江戸住)	(麹町名古屋藩中屋敷住)	25	藩士	○	○仁科五郎
伊藤厳	追加							
伊藤亀之輔(亀之進・逸之進・虎之助)	321	尾張	名古屋住		23	浪人	○	(逸之進)○大津彦太郎
伊東久栄	追加							○武田彦一郎
伊東滝三郎(伊藤)(滝太郎)	279	上総	山辺郡	川場村	37	浪人	○	○三村伊賀右衛門
稲熊力之助	323	尾張	愛知郡	戸部村	25		○	○山田官司
稲田早之助(隼之助)	210	常陸	久慈郡	幡村	25	郷士		○黒井卓一郎
井上政之助	162	甲斐	巨摩郡	上三吹村	34	百姓		○大津彦太郎
井上忠太郎(豊蔵、丑太郎→忠太郎)	344	伊予	大洲住		39	藩士	○	(豊蔵)○瀬尾与一郎
井上半二郎(半次郎)	183	甲斐	都留郡	鳥沢村住		浪人		世話役→小頭
猪瀬禎一郎	367							○山口三郎

元治元年11月頃	元治2年3月改	慶応元年10月	庄内入
○中村錦三郎	（脱漏）	（新蔵）○中村錦三郎、甲斐国八代郡藤井村住人、25才、石原六左衛門子	殺害される
	×石原辰三郎、同28才、同（上野）国同（勢多）郡室沢村、稲葉丹後守領分百姓、父常右衛門、伜無之、同処住居		
○満岡元司	石原鍛、子21才、元酒井下野守家来、有故浪人、上州新田郡田村、酒井鐘之助知行所、父石原辻郎、伜無之、同所住居		
（槌太郎）○萩谷弥太郎	石原槌太郎、子45才、元酒井下野守家来、有故浪人、上州佐位郡赤堀村住居、父石原玄助死、下野守家来、伜田之助、赤堀村住ス	（槌太郎）○萩谷弥太郎、上野国伊勢崎、46才、酒井下野守家来石原玄助有故浪人伜	自害、子厚司（原司）庄内入
	×市岡重太郎、子26才、尾張殿家来、父市岡重兵衛、伜無之、麹町中屋敷住居		
	×伊藤亀之進、子24才、尾張殿家来、有故浪人、父川村兵助死、同国名古屋住居	（伊東虎之助）○黒井卓一郎、（生国・年齢未記載）、亡父十郎尾州殿家来河野兵助八男	○
（伊藤滝三郎）○三村伊賀右衛門	伊東滝三郎、子38才、奥御医師杉枝仙庵元家来、有故浪人、当時芝露月町住居、父又右衛門死ス、大久保備後守知行所、上総国山辺郡川場村百姓、伜伊東順助	（滝太郎）5番組小頭、上総国山辺郡川場村住、39才、長百姓又右衛門子	○
○中沢良之助	（脱漏）	○中沢良之助、（生国等未記載）	○
（隼之助）弐番隊小頭	（脱漏）	（隼之助）3番組小頭、常陸国九宇（ママ）郡幡村、27才、郷士稲田善九郎五男	○
○関口徳司	井上政之助、子31才、甲州巨摩郡上三吹村、甲府御代官加藤与七郎支配名主、父八兵衛、伜無之	○関口徳司、甲斐国巨摩郡上三吹村、36才、（百姓）八兵衛三男	○
（丑太郎→忠太郎）○瀬尾権三郎	井上忠太郎、子30才、伊予国大洲加藤出羽守家来、父井上政之助、伜無之、同処住居	槍術世話心得○瀬尾権三郎、伊予国、41才、元加藤出羽守家来政之助子	○
	×井上半次郎、子33才、御代官増田安兵衛御預所、甲州都留郡鳥沢村住、養父兼助死、伜春吉、養母・妻子、同所住		

姓　名	宮地番号	生国	郡・藩等	村	年齢	身分	上京	文久3年9月12日
今井佐太郎（佐太夫・木曽八）	98	上野	勢多郡	米野村	38	百姓	○	御暇
岩城太熊	220	常陸						○井上半二郎
岩堀嘉吉	221	常陸（武蔵住）	（江戸住）	（小網町中屋敷住）		浪人		
岩間七郎	追加							
岩間清四郎	209	常陸	久慈郡	町田村	21	浪人		
上杉岩吉郎（岩吉）	263	下野	足利郡	小俣村	38	百姓	○	○萩谷弥太郎
上野豊三	189	甲斐						
上松（植松）左京	193	甲斐	巨摩郡	東井出村		修験		○山田官司
内田佐太郎	147	甲斐	山梨郡	菱山村	23	百姓	○	○村上常右衛門
内田柳松	30	武蔵	比企郡	広野村	31	百姓	○	
宇都宮栄太郎	190	甲斐						御暇
宇都宮左衛門	353	肥前	佐賀		41	浪人	○	
梅田貞之助	追加							○草野剛三
遠藤丈庵	追加	武蔵	埼玉郡	行田町		医師		御暇
大内志津馬	356	肥後	熊本		37	浪人	○	世話役→小頭
大川藤吉郎	31	武蔵	比企郡	金谷村	27	百姓	○	○山田官司
大川与一	123	上野	新田郡	邑田村	39		○	
大木久左衛門	44	武蔵	大里郡	甲山村	47		○	

元治元年11月頃	元治2年3月改	慶応元年10月	庄内入
（木曽八）○小山信一郎	今井佐太夫、子39才、上野国勢多郡米野村、松平大和守領分百姓、父今井佐兵衛、伜秀五郎、同所住居	（木曽八）○小山信一郎、上野国勢多郡美（ママ）野村、40才、百姓左兵衛子	○
	×岩城嘉吉、子21才、元酒井雅楽頭家来、有故浪人、江戸小網町雅楽頭中屋敷平井亀吉方同居、父平井茂兵衛死、兄平井亀吉、雅楽頭家来		
			○
○中村又太郎	岩間清四郎、子23才、元板倉内膳正家来、有故浪人、常州久慈郡町田村住居、父岩間勘左衛門、町田村住ス、伜無之	○中村又太郎、常陸国久吉門郡町田村、23才、百姓勘左衛門子	自害、弟七郎が庄内入
	×上杉岩吉郎、子35才、下野国足利郡小俣村、戸田長門守領分百姓、父主税助、同処住居、伜無之		
	×植村左京、子35才、御代官福田所左衛門支配所、甲州巨摩郡東井出村修験、父福正寺、伜義馬		
○大内志津馬	内田佐太郎、子34才、甲州石和御代官内海多次郎支配所、同国山梨郡菱山村住居百姓、父国五郎、伜無之	○大内志津馬、甲斐国山梨郡菱山村、25才、百姓国五郎惣領	○
○大熊領兵衛	内田柳松、子32才、武蔵国比企郡広野村、木下求馬知行所百姓、父内田金十郎、同所住居	○大熊領兵衛、武蔵国比企郡広野村、33才、百姓金十郎子	○
	×遠藤丈庵、子26才、松平下総守領分、武蔵国埼玉郡行田町住居、医師、養父遠藤執庵		
弐番隊小頭	大内志津馬、子38才、細川越中守元家来、有故浪人、上州新田岩松万次郎家来深沢源之助同居、父大内宇右衛門死、伜無之	3番組小頭、肥後国、39才、細川越中守家来土門（大内）宇右衛門五男	○
○中沢良之助	大川藤吉郎、子28才、小普請組戸田民部支配・丸毛作郎知行所、武州比企郡金谷村住居（百姓）、父大川幸吉、同所住居	○中沢良之助、武蔵国金谷村、29才、百姓幸吉子	○

姓 名	宮地番号	生国	郡・藩等	村	年齢	身分	上京	文久3年9月12日
大熊敬助	追加	美濃						
大熊領兵衛	314	美濃(武蔵住)	(江戸住)	(築地御坊地中住)	48	浪人		小頭役・仮小頭→○分部宗右衛門
大島一学(学)	338	播磨(武蔵住)	宍粟郡(江戸住)	三ツ谷村(麹町壱丁目住)	38	浪人	○	○玉城織兵衛
大島百太郎	1	武蔵	足立郡	宮田(宮内)村	23	百姓	○	御暇
大須賀友三郎	264	下野	足利郡	小俣村	51		○	
大館謙三郎	137	上野	新田郡	上田中村	40	医師	○	
大津彦太郎	235	常陸	(水戸住)	(常盤小路住)	40	浪人		世話役→小頭
大野喜右衛門	57	武蔵	秩父郡	蒔田村	30		○	○鯉淵太郎
大村達尾	270	下野	塩谷郡	喜連川	25	浪人	○	○黒井卓一郎
大森浜司(浜次)	160	甲斐	巨摩郡	大蔵村	23	百姓	○	○大内志津馬
岡島哉弥	追加							
岡田助右衛門	24	武蔵	高麗郡	赤工村	29	浪人	○	
岡田盟	131	上野	新田郡	本町村	42		○	
岡田林平(林兵衛)	318	駿河	(沼津城下)	香貫村	35	百姓	○	○山口三郎
岡戸小平太	68	武蔵	江戸	(牛込御門内住)	43	浪人	○	○中川一
沖田林太郎	289	陸奥(武蔵)	白河		38		○	○三村伊賀右衛門
荻本栄吉	239	常陸				藩士		
荻原(萩原)常吉	66	武蔵	賀美郡	長浜村(町)	26	百姓		

元治元年11月頃	元治2年3月改	慶応元年10月	庄内入
		○中村健司、(生国等未記載)、御雇、領兵衛倅	○父に従い庄内入
壱番隊小頭	大熊領兵衛、子49才、元大島丹波守家来、有故浪人、築地御坊地中実相寺同居、父大熊寿平死、丹波守家来、倅敬助、実相寺同居	2番組小頭、美濃国、50才、大島丹波守元家来松平子	○
(学) ○中村健司	大島学、子39才、京都高丘殿元家来、有故浪人、当時麹町壱丁目住居、父大島一学死、大坂南船場東堀住人、倅大島信三郎	(学) 5番組小頭、(生国未記載)、40才、松平修理大夫高近家大島一学子	○
○清水恵造	大島百太郎、子24才、小林猪之助知行所、武州足立郡宮内村百姓、父和十郎、倅無之、同所住居	○清水恵造、武蔵国足立郡宮内村、25才、百姓和十郎子	○
弐番隊四番肝煎	大津彦太郎、子41才、元水戸殿家来、有故浪人、水府常盤小路住居、父彦二郎死、倅無之、同処住居	4番組肝煎・剣術世話心得、(生国未記載)、42才、水戸殿家来大津彦次郎有故浪人子	○
○大内志津馬	(脱漏)	○大内志津馬、武蔵国秩父郡最(ママ)田村、32才、(百姓)佐吉子	○
	(脱漏)	○大島学、甲斐国巨摩郡大蔵村、25才、百姓安右衛門子	○
(林兵衛) ○手塚要人	岡田林兵衛、子28才、水野出羽守領分、駿河国駿東郡沼津城下香貫村、父岡田沢蔵死	(林兵衛) ○手塚要人、伊予国浪津立香野月村住、37才、(百姓)	脱走
○片山庄左衛門	岡戸小平太、子44才、御書院番酒井讃岐守組山角四郎兵衛元家来、有故浪人、当時牛込御門内矢部栄之丞屋敷住居、父岡戸小源太死、山角四郎兵衛家来、倅無之		
○三村伊賀右衛門	(脱漏)	○満岡元司、武蔵国、40才、阿部能登守家来沖田勝次郎子	○
(萩原) ○富田忠左衛門	萩原常吉、子27才、武田浪人、武州賀美郡、伊奈半左衛門支配所百姓、父萩原孫市、長浜町住居	(萩原) ○富田右覚、武蔵国賀美郡長浜町、28才、百姓孫市子	○

姓　名	宮地番号	生国	郡・藩等	村	年齢	身分	上京	文久3年9月12日
奥秋助司右衛門	184	甲斐	都留郡	駒橋村	29	百姓		○山本仙之助
奥山喜三郎	368	甲斐	山梨郡	中村		百姓		
小倉大平	370	下総	香取郡	拾三間戸村		百姓		小頭役・仮小頭→○吉岡卓雄
小倉小平太	369							御暇
小倉善左衛門	274	下総	香取郡	拾三間戸村	40		○	
小倉宗次郎	追加	常陸	河内郡	吉田村		百姓		
小倉宗伯	273	常陸（下総住）	河内郡（香取郡住）	太田村（拾三間戸村住）	22	医師	○	御暇
小倉発之進（嘉衛太）	追加	上野	佐位郡	八坂村		浪人		
尾崎宗伯	371							
尾崎利三郎	追加	越中	砺波郡	戸知村		百姓		
小沢定四郎	191	甲斐（武蔵）	（江戸住）	（表六番町住）		浪人		○大内志津馬
小沢信濃（信重郎）	177	甲斐	都留郡	上吉田村	31	社人		○吉岡卓雄
小沢為五郎	192	甲斐	山梨郡	山村		百姓		御暇
小沢勇作	56	武蔵	児玉郡	蛭川村	20	百姓		御暇
小田切半平	151	甲斐	山梨郡	小瀬村	37	百姓		○加藤為右衛門
鬼沢礼輔	222	常陸						○飯塚謙輔

元治元年11月頃	元治2年3月改	慶応元年10月	庄内入
壱番隊弐番小頭	奥秋助司右衛門、子30才、御代官増田安兵衛御預所、甲州都留郡駒橋村住人、養父甚右衛門、倅2人、長男代太郎、二男春吉、奉仕武田、奥秋加賀守房吉孫、永此地に住す、養父・妻、同所住居	2番組小頭、甲斐国都留郡駒林村、31才、名主甚右衛門子	○
	×奥山喜三郎、子32才、甲府御代官加藤鎗十郎支配所、甲州山梨郡中村百姓、父万右衛門死、倅平三郎		
	×小倉大平、子48才、酒井壱岐守知行所、下総国香取郡拾三間戸村、父長兵衛、倅泰三郎、同所住居		
○小山信一郎	(脱漏)	○小山信一郎、常陸国河内郡吉田村、23才、百姓権右衛門子	○
	×小倉宗伯、子22才、篠本彦次郎支配所、常州河内郡太田村産、有故、当時下総国香取郡拾三間戸村寓居、医師、父権右衛門、倅無之		
○石原伊之助	小倉嘉衛太、子51才、同断（上野国佐位郡）、八坂村住居、父小倉兵左衛門死、下野守家来、倅信多、八坂村住居ス、	○石原伊之助、上野国佐徒（ママ）郡八坂村、56才、酒井下野守家来意（兵）左衛門子	○
○山本武右衛門	(脱漏)	○山本武右衛門、越中国砺波郡戸知村・加賀藩領、26才、百姓孫右衛門二男	○
	×小沢定四郎、子43才、御家人寄場元〆役相勤候処、父小沢半十郎死、兄同苗好次郎、隠居、養子同平次郎、御裏御門御切手番之頭小倉十兵衛組同心住居、表六番町近藤三左衛門地面借地		
	(脱漏)	(信重郎) ○飯塚謙輔、甲斐国都留郡、33才、富士浅間祝小沢信濃守子	○
	×小沢為五郎、子33才、田安殿御領地、甲州山梨郡山村百姓、父庄左衛門死		
○関口徳司	小沢勇作、子21才、駒井相模守知行所、武蔵国児玉郡蛭川村、父幸助住居	○関口徳司、武蔵国児玉郡堀川村、22才、百姓幸助子	○
○若林宗兵衛	小田切半平、子39才、御代官所、甲州山梨郡小瀬村百姓、増田安兵衛支配所、父清兵衛、倅節之助、同所住居	○大島学、甲斐国山梨郡小瀬村、39才、百姓新六郎子	脱走

姓名	宮地番号	生国	郡・藩等	村	年齢	身分	上京	文久3年9月12日
小野沢平兵衛	32	武蔵	比企郡	増尾村	43	浪人	○	○森土鉞四郎
小野将監 (道太郎)	172	甲斐	都留郡	下吉田村	25	社人		○大津彦太郎
加治新吉郎	372	武蔵住	江戸住			浪人		○須永宗治
神代仁之助	214	常陸			35	浪人	○	
柏尾右馬輔 (右馬助・馬之助)	347	阿波	美馬郡	貞光村	26	浪人	○	世話役→小頭・剣術教授方
糟谷古平太 (小平太)	351	豊前 (武蔵住)	小倉 (江戸住)	(本所柳原住)	43	浪人		○山本左右馬
片岡太郎	追加							
片岡八郎	373							○仁科五郎
片平四郎	追加	常陸	真壁郡	中上野村住		百姓		
片山庄左衛門(喜間多)	101	上野	群馬郡	高崎	29	浪人	○	小頭役・仮小頭→○中川一、剣術教授方
勝田宗達	33	武蔵	比企郡	大谷村	27		○	
勝田由蔵(芳蔵)	34	武蔵	比企郡	大谷村	32	百姓	○	○大内志津馬
勝野保三郎	69	武蔵	江戸		25	旗本家臣	○	
桂田虎之助 (寛吾)	326	近江	高島郡	五十川村	25	浪人		
加藤善二郎 (善次郎)	9	武蔵	埼玉郡	芋茎村	45		○	
加藤為右衛門	374	(武蔵住)	(江戸住)	(駒込住)		浪人		世話役→小頭

元治元年11月頃	元治2年3月改	慶応元年10月	庄内入
	小野沢平兵衛、子44才、元松平大和守家来安田啓助事、浪人、武州比企郡増尾村百姓弥右衛門同居、伜小野沢弥吉、浅草今戸町三谷屋栄蔵同居、		
(道太郎)○奥秋助司右衛門	小野将監、子24才、甲斐国都留郡下吉田村、御代官増田安兵衛支配所、富士浅間社務并天満宮神主、父小野大隅正、同所住居	(道太郎)○奥秋助司右衛門、甲斐国都留郡下吉田村、27才、富士浅間社務并天神之小野大隅正子	脱走
	×加治新吉郎、子23才、元柳沢彰太郎家来、有故浪人、(江戸)斎藤弥九郎方え同宿、父関甚兵衛死、同所家来、伜無之		
(馬之助)壱番隊弐番肝煎	柏尾馬之助、子27才、元松平阿波守家来、有故浪人、江府住居、父柏尾嘉蔵、松平阿波守家来、伜無之	(馬之助)2番組肝煎・剣術教授方、阿波国、28才、松平阿波守元家来柏尾嘉蔵子	脱走
○山本荘馬	糟谷小平太、子44才、小笠原大膳太夫家来、有故浪人、本所柳原井戸屋清兵衛方同居、父糟谷善太夫死、大膳太夫家来、伜無之	(小平太)○山本荘馬、槍術世話心得、豊前国、45才、元小笠原大膳大夫家来善大夫子	○
	(脱漏)	(御雇、八郎子)○大熊領兵衛、(生国等未記載)	○
	片平四郎、子45才、小普請組水野式部支配前島錠三郎知行所、常州真壁郡中上野村住、兄片平八左衛門方同居、父片平儀宗司、伜片平三郎、八左衛門同居	○黒井卓一郎、常陸国真壁郡中上野村、46才、名主片平儀宗司二男	○
弐番隊小頭	片山庄左衛門、子30才、松平市正元家来、有故浪人、当時市橋松川町住居、養父片山喜間多死、松平右京亮家来、養子片山庄三郎	(喜間多)剣術教授方○鈴木栄之助、(生国未記載)、31才、松平市正元家来片山喜間太養子	○
(芳蔵)○大内志津馬	勝田芳蔵、子23才、小普請組支配初鹿野備後守組森川富之助知行所、武州比企郡大谷村百姓、父皆吉、伜無之、同所住居	(芳蔵)○富田右覚、武蔵国比企郡大谷村、34才、百姓皆吉二男	脱走
○富田忠左衛門	桂田虎之助、子23才、元松平甲斐守領分、有故浪人、江州高島郡五十川村住居、父桂田吉三郎、五十川村住ス、伜無之	(虎之助・寛吾)○富田右覚、近江国高島郡五十川住、27才、桂田吉三郎子	○
弐番隊小頭	×加藤為右衛門、子44才、元松平大和守家来、有故浪人、御軍艦奉行支配駒込近藤馬之助方同住、父加藤伝蔵死、大和守家来、伜加藤逸平		

姓　名	宮地番号	生国	郡・藩等	村	年齢	身分	上京	文久3年9月12日
金子倉之丞（蔵之丞・蔵之允）	2	武蔵	足立郡	原馬室村	42	百姓	○	○井上半二郎
金子正玄	90	上野	勢多郡	神戸村	28	医師	○	世話役→小頭
金子武雄	375	上野	山田郡	相生新町		浪人		○西恭輔
加畑儀左衛門	376							○山口三郎
鎌田昌琢	292	陸奥	中村（?）	中村（?）	39	藩士	○	○玉城織兵衛
鎌村豊之助（時之助）	348	阿波（武蔵住）	美馬郡（多摩郡住）	東岩倉村新町（押立村住）	28	浪人		○加藤為右衛門
上林藤平（藤市）	251	信濃	小県郡	矢沢村	26	浪人	○	御暇
亀山幸介	205	常陸	茨城郡	山野村	29	百姓		
川上権重郎（権十郎）	272	下野	那須郡	成田村	22		○	
川崎源八	211	常陸	久慈郡	上土木内村		百姓		
川崎　渡	70	武蔵	江戸		23		○	○瀬尾与一郎
河原孝輔（孝助）	138	上野	新田郡	矢島村	22		○	
神戸六郎	361	肥後	熊本					
喜瀬虎蔵	78	武蔵	江戸		40	旗本家臣		○関口三十之輔
木村久之丞（久之允）	332	播磨	姫路		36	浪人	○	
草野剛三（剛蔵）	293	陸奥	中村		22	浪人	○	世話役御免、小頭
久保木万助（甫）	223	常陸（武蔵住）	（入間郡住）	（川越角場町住）		浪人		○山本左右馬
久保坂岩太	185	甲斐			41	浪人	○	
栗田（栗原）真三郎	267	下野	足利郡	葉鹿村	31		○	
黒井卓一郎	300	出羽（越後住）	米沢（頸城郡住）	（高田城内）	30	浪人		世話役→小頭

元治元年11月頃	元治2年3月改	慶応元年10月	庄内入
(蔵之允)○満岡元司	金子蔵之丞、子43才、御代官佐々井半十郎支配所、武州足立郡原馬室村百姓、父林右衛門、倅鳶之助、同所住居	(蔵之允)○伊藤滝太郎、武蔵国足立郡原(ママ)、44才、(百姓)高宝林右衛門子	○
	×金子正玄、子29才、上野国勢多郡神戸村、御代官小笠原甫三郎支配所、医師、父正景、倅学之助、同所住居		
	×金子武雄、子45才、上野国山田郡相生新町、酒井大学頭領分、浪人、父伊三郎死、倅無之		
	×鎌田昌琢、子40才、相馬大膳亮家来、新徴組加連ニ付、主人向隠居之上御組入、父同家来伊兵衛死、母仙台臣阿部平太夫娘、養子鎌田玄意、奥州中村住居、外ニ実子男女2人		
○加藤為右衛門	鎌村豊之助、子29才、元松平阿波守家来、有故浪人、武州多摩郡押立村、川崎喜右衛門方同居、父鎌村豊蔵、阿波守家来、隠居仕、阿州美馬郡東岩倉村新町住居、倅無之	(時之助)○喜瀬虎蔵、阿波国、30才、松平阿波守元家来鎌村豊蔵三男	○
	×上林藤平、子25才、元仙石播磨守家来、有故浪人、父母・妻子共無之、同所住居		
○山本武右衛門	(脱漏)	3番組小頭、武蔵国江戸、42才、松平甲斐守家来山本段兵衛二男	○
	×久保木甫、子35才、元松平大和守家来、有故浪人、武州入間郡川越角場町住居、父久保木茂兵衛死、大和守家来、倅千吉、角場町住居		
	黒井卓一郎、子31才、元上杉弾正大弼家来、越後国頸城郡高田城内富岡舎人方同居、父黒井総策死、弾正大弼家来、伯父富岡舎人、榊原式部大輔家来	2番組小頭、(生国未記載)、32才、上杉家浪人黒井総策子	○

姓　名	宮地番号	生国	郡・藩等	村	年齢	身分	上京	文久3年9月12日
黒沢八郎	212	常陸	久慈郡	落合村	36	百姓		
黒田桃眠	124	上野	新田郡	邑田(村田)村	26	医師	○	
黒田村司	335	播磨	姫路	広小路住	29	浪人		○草野剛三
桑原玄達	179	甲斐	都留郡	大明見村	54	医師		○三村伊賀右衛門
郡司市左衛門	206	常陸	茨城郡	小鶴村		百姓		
鯉淵太郎	236	常陸	西郡	小場村住		浪人		世話役→小頭
河野音次郎	350	豊前	小倉		32	浪人	○	
河野和三(和蔵)	3	武蔵	足立郡	糠田村	44		○	
国分新太郎	240	常陸			19	藩士		
小島恒太郎(寛太郎)	22	武蔵	入間郡	黒須村	22	医師	○	
小玉三代三郎(仁)	377					浪人		○山本左右馬
五島万帰一	252	信濃	佐久郡	小諸	21	浪人	○	
小林長二郎(長次郎)	83	上野	碓氷郡	原市村	26		○	
小林登之輔(登之助)	337	播磨(江戸住)	佐用郡(江戸住)	森村(お玉ケ池住)	36	浪人	○	世話役→小頭過人(練兵教授懸り)
小林武八郎	378	(武蔵住)	(江戸住)			浪人		○中村又太郎
小林平左衛門	173	甲斐	都留郡	下吉田村	34	医師		○武田彦一郎
小林本二郎	256	信濃						
小林守之助	255	信濃			29	浪人		○水野倭一郎
小林(小沢)勇作	49	武蔵	幡羅郡	飯塚村	21		○	
小林祐松(助松)	17	武蔵	入間郡	川越	43	浪人	○	
小堀正次郎(大太郎)	224	常陸						○仁科五郎

元治元年11月頃	元治2年3月改	慶応元年10月	庄内入
	×黒田桃民、子27才、上州新田郡村田村、歩兵奉行溝口伊勢守支配三宅勝太郎知行所、医師、父田村道磨、伜寿之佐、同所住居		
○萩谷弥太郎	黒田村司、子30才、元酒井雅楽頭家来、有故浪人、播州姫路広小路住居、父黒田権兵衛死、雅楽頭家来、伜無之	○萩谷弥太郎、播磨国姫路、31才、酒井雅楽頭家来黒田権司有故浪人子	○
○奥秋助司右衛門	桑原玄達、子55才、同（甲斐）国同（都留）郡大明見村、医師、父玄海死、老母今在、年78、子長男玄淑、二男玄治同所住、三男貞之昌他姓、上暮地村住居	文学世話心得、○奥秋助司右衛門、甲斐国都留郡大明見村、56才、医師玄海伜	○
	×鯉淵太郎、子23才、水戸殿元家来、有故浪人、当時常陸国西郡小場村住居、父鯉淵貞蔵		
	×小島寛太郎、子22才、武蔵国入間郡黒須村、小普請稲富久兵衛知行所、父一斎、医師、同所同住		
	×小玉仁、子26才、元渡部丹後守家来、有故浪人、小堀安太郎家来、野村幸右衛門方同居、父官治、渡部丹波守家来、伜無之		
	×小林登之助、子37才、元森伊豆守家来、当時お玉ケ池住居、父小林官左衛門死、森伊豆守家来、伜小林武雄		
	×小林武八郎、子39才、元二ノ御丸火之番、父下河辺林左衛門死、御広敷伊賀之もの小山新八郎厄介		
	×小林平左衛門、子35才、甲斐国都留郡下吉田村、御代官増田安兵衛支配所、医師、父小林栄泉死、伜新太郎、同所住居、		
○庄野伊左衛門	小林守之助、子31才、元真田信濃守家来、有故浪人、水野出羽守家来江口喜兵衛方同居、父小林藤右衛門死	○水野倭一郎、信濃国、31才、浪人小林藤右衛門伜	○
（大太郎）○稲田隼之助	（脱漏）	（大太郎）○稲田隼之助、（生国等未記載）	○

姓　名	宮地番号	生国	郡･藩等	村	年齢	身分	上京	文久3年9月12日
小松庄次郎(元次郎)	追加	(武蔵住)	(江戸住)			浪人		○黒井卓一郎
小松太慶(慶助･大慶)	246	信濃	更級郡	羽尾村	51	浪人		御暇
小松六助	追加							
小山信一郎	10	武蔵	埼玉郡	芋茎村	33	百姓	○	○吉岡卓雄
斎藤熊三郎	295	出羽	庄内		27	浪人	○	
斎藤源十郎	262	下野	足利郡	江川村	41		○	
斎藤泰蔵	追加							
斎藤文泰	117	上野	佐位郡	境町	27		○	
三枝栄兵衛	379	甲斐	都留郡	麻留村住		浪人		
酒井寿作	275	下総	香取郡	並木村	25	百姓	○	○瀬尾与一郎
坂井友次郎	309	越前	福井		28	浪人	○	
酒井与三郎	追加							
坂本周作(周輔)	380	武蔵	児玉郡	下真下村		百姓		○分部宗右衛門
坂本安造	追加							○玉城織兵衛
佐久間権蔵	追加							
佐久間　辺	381							御暇
桜井久米(粂)之進	121	上野	佐位郡	下植木村	35	浪人		○中村又太郎
桜井彦太郎	382	常陸	水戸城下	上町常盤地住		浪人		○分部宗右衛門
佐々木三次郎	87	上野	碓氷郡	藤塚村	31		○	
佐々木周作	319	三河	設楽	津具（津奥村）	35	浪人	○	○中川一

元治元年11月頃	元治2年3月改	慶応元年10月	庄内入
	×小松元次郎、子27才、右元松平肥後守家来、有故浪人、江府住居、父小松十之助、松平肥後守家来、伜無之		
（慶助）○小山信一郎	小松大慶、子52才、奥医師元岡道慶家来、有故浪人、父徳三郎死、真田信濃守領分、信州更科（級）郡羽尾村住	（慶助）○小山信一郎、次席、信濃国更級郡村尾村、53才、百姓徳三郎子	○
		（御雇、慶助伜六助）○手塚要人	
三番隊小頭	小山信一郎、子34才、松平留之丞領分、武州埼玉郡芋茎村百姓、父栄造、伜森之助、同所住居	6番組小頭、武州境（ママ）玉郡芋茎村、35才、百姓栄蔵子	○
	×三枝栄兵衛、子22才、同断（御代官増田安兵衛御預所）、都留郡麻留村住人、父栄八、伜無之、次男・実父・兄弟、同所住居、奉仕武田、泉八郎藤原盛俊孫、有故天正年中麻留村住す		
	×酒井寿作、子23才、城隼人知行所、下総国香取郡並木村、父名主小三郎、同所住居		
	×坂本周輔、子46才、御小姓組寺岡石見守組大岡忠四郎知行所、武州児玉郡下真下村百姓、父佐次右衛門存命、伜峰五郎、同所住居		
○中村又太郎	桜井粂之進、子36才、元甲州浪人、上州佐位郡、酒井下野守領分、下植木村住居、父桜井新左衛門死、甲州浪人、伜久之助、下植木村住居	（粂之進）○中村又太郎、上野国下植木村、37才、百姓新左衛門子	○
	×桜井彦太郎、子32才、水府家来、有故浪人、城下上町常盤地、父桜井元三郎、同所住居		
○片山庄左衛門	（脱漏）	○鈴木栄之助、三河国設楽郡津奥村、37才、元内藤金一郎家来、百姓佐々木喜三郎子	○

姓　名	宮地番号	生国	郡・藩等	村	年齢	身分	上京	文久3年9月12日
佐々木如水	253	信濃（武蔵住）	佐久郡（江戸住）	小諸（浅草三好町）	62	浪人	○	○中川一
佐藤久米（久策）	182	甲斐	都留郡	藤崎村	35	郷士		
佐藤継助	284	陸奥	盛岡			浪人		
佐藤房太郎（房次郎）	60	武蔵	多摩郡	青柳村	28		○	
佐野三郎（三郎兵衛）	248	信濃	埴科郡	松代殿町住		浪人		世話役→小頭過人（砲術教示方）
沢井平馬	追加							
塩沢罷熊太郎	383	甲斐	巨摩郡	落合村住		修験		○山本仙之助
志田源四郎	316	伊豆	加茂郡	下田村	36		○	
渋谷精之丞（精之進）	257	信濃（武蔵住）	（江戸住）			浪人		○金子正玄
島田利太郎	249	信濃（三河とも）	埴科郡（松代住）	森村	26	浪人	○	
島野喜之輔（喜之助）	16	武蔵	埼玉郡	志多見村	42		○	
清水吾一（五一）	11	武蔵	埼玉郡	羽生（町）村	28	百姓	○	○金子正玄
清水小文司（恵造）	46	武蔵	大里郡	小八ツ林村	52	百姓	○	○須永宗治
清水準之輔（淳之助・準之助）	304	越中（武蔵住）	富山（江戸住）	（浅草鳥越）	41	浪人	○	○玉城織兵衛
下山由松	105	上野	山田郡	新田村	37		○	
庄野伊左衛門（伊右衛門）	244	信濃	筑摩郡	松本	32	浪人	○	○鯉淵太郎
白井庄兵衛	296	出羽	庄内		31	浪人	○	
管俊平	118	上野	佐位郡	境町	26		○	

元治元年11月頃	元治2年3月改	慶応元年10月	庄内入
○片山庄左衛門	佐々木如水、子62才、牧野遠江守元家来、当時浅草三好町中山喜内方同居、父佐々木半太夫死、牧野遠江守家来、伜佐々木、信州小諸住居	○大内志津馬、信濃国、64才、牧野内膳正家来佐々木半大夫子	○
○奥秋助司右衛門	佐藤久米、子36才、甲斐国都留郡藤崎村、御代官増田安兵衛支配所郷士、父佐藤文貞、武田家二十四将之内甘利左衛門尉晴吉之家筋、朱印感状持伝、御代官御交代之節は、先例ニて（御）目見年始申上候	（久策）○奥秋助司右衛門、甲斐国都留郡藤崎住、37才、郷士佐藤文貞伜	脱走
	×佐野三郎、子39才、元真田信濃守家来、有故浪人、信州松代殿町住居、父佐野佐治馬死、信濃守家来、伜無之、（朱筆）「新徴組御用筋へ御雇」	（三郎兵衛）御雇、御鉄砲御修復○石原伊之助、信濃国、（年齢未記載）、真田信濃守家来佐野左記（治）郎子	脱走
	×塩沢罷熊太郎、子24、元尾州犬山成瀬隼人正家来、有故浪人、今甲州巨摩郡落合村住居、御代官安藤伝蔵支配所、父修験常寿院		
（精之進）○過人	×渋谷精之進、子34才、元牧野備前守家来、有故浪人、江府住、父渋谷信右衛門死、牧野備前守家来、伜無之、（朱筆）「病死、伜朔太跡相続被仰付候」		
○瀬尾権三郎	島田利太郎、子27才、信濃国松代真田信濃守家来、父島田利藤治、伜利八郎、同所住居	○瀬尾権三郎、三河国、28才、元真田信濃守家来利藤治子	○
（五一）○若林宗兵衛	清水吾一、子28才、大岡兵庫頭領分（百姓）、武州埼玉郡羽生町住居、父清水弥右衛門死去	○大島学、武蔵国埼玉郡羽生町村、30才、百姓弥右衛門子	○
（恵造）三番隊小頭	×清水小文治、子53才、土井大炊頭領分、武州大里郡小八ツ林村百姓、父小文治死、伜無之、同所住居	（恵造）5番組小頭、武蔵国小八つ林村、54才、百姓小文治子	○
（準之助）○中村健司	×清水準之助、子38才、松平出雲守元家来、有故浪人、当時浅草鳥越明神神主指木靫負方同居、父清水文右衛門死ス、越中富山藩中、有故浪人、伜無之		
三番隊小頭	庄野伊左衛門、子33才、松平丹波守家来望月源蔵伜、浪人	（伊右衛門）5番組小頭、信濃国、34才、松平丹波守元家来、望月源蔵子	○

姓　名	宮地番号	生国	郡・藩等	村	年齢	身分	上京	文久3年9月12日
杉本道安(安道)	305	加賀(武蔵住)	金沢(江戸住)	(谷中片町住)	46	浪人	○	
杉山音次郎	追加							
杉山弁吉	42	武蔵	横見郡	一ツ木新田村	50	百姓	○	御暇
杉山良作	追加							
鈴木栄之助	297	出羽	庄内	石町住	41	浪人	○	○井上半二郎
鈴木菊次郎	315	美濃	羽栗郡	無動寺村	33	百姓		○関口三十之輔
鈴木長三(長蔵)	286	陸奥	仙台(伊具郡住)	(角田村住)	32	藩士	○	
須永宗司	50	武蔵	幡羅郡	飯塚村	32	百姓	○	世話役→小頭
須永宗太郎	追加	武蔵	幡羅郡	飯塚村		百姓		
住山濤一郎	331	紀伊(武蔵住)	和歌山(江戸住)	(谷中片町住)	39	浪人	○	○三村伊賀右衛門
諏訪山熊二郎(熊次郎)	4	武蔵	足立郡	鴻巣宿	48	浪人	○	
瀬尾与一郎(権三郎)	310	越前	福井		28	藩士	○	世話役→小頭
関口七郎	306	加賀	金沢(石川郡住)	(森元町住)	34	浪人		○山本左右馬
関口三十之輔(三千之助)	357	肥後	熊本		22	浪人	○	世話役→小頭
関口主水(徳司)	384	武蔵	賀美郡	大御堂村住		百姓		○村上常右衛門

元治元年11月頃	元治2年3月改	慶応元年10月	庄内入
	×杉本安道、子47才、元加賀中納言家来、当時（江戸）谷中片町住居、父松平九左衛門死、加賀中納言家来、伜松平常之助、加州金沢住居		
		（音五郎）○黒井卓一郎、亡父杉山弁吉生国武蔵国横見郡万木（ママ）新田、荒井清兵衛支配所、（年齢未記載）、百姓勘助二男	○弁吉子
	杉山弁吉、子51才、武州横見郡一ツ木新田、御代官佐々井半十郎支配所百姓、父勘助死、伜良三郎、同所住居		
○片山庄左衛門	鈴木栄之助、子42才、御名（荘内）元家来、当時石町住居、父鈴木順太、羽州庄内住居、伜石之助	4番組小頭・剣術世話心得、出羽国、43才、庄内藩元家来鈴木順太子	○
○山本武右衛門	鈴木菊次郎、子34才、美濃国羽栗郡無動寺村、坪内伊豆守知行所百姓、父松原藤四郎死、往古秀吉公え奉公仕候家筋御座候、新徴組鈴木栄之助義弟ニ罷在候	○山本武右衛門、美濃国堀内伊豆守知行所、羽栗郡無勒村、35才、百姓藤四郎七男	○
	×鈴木長三、子34才、奥州仙台松平陸奥守臣、同国伊具郡角田（村）住居、父遠藤治助、伜無之		
壱番隊小頭	須永宗司（年齢未記載）、武州幡羅郡飯塚村百姓、深津弥左衛門知行所、父与兵衛死		
		○椿佐一郎、亡父宗司生国武蔵国（幡羅郡）飯塚村、（年齢未記載）、百姓与兵衛子	○
○三村伊賀右衛門	住山濤一郎、子39才、紀伊殿国家老水野丹後守元家来、有故浪人、当時（江戸）谷中片町住居、父住山惣右衛門、紀州和歌山住居、伜住山小六郎、居所同断	○満岡元司、紀伊国和歌山、41才、住山惣右衛門有故浪人子	○
（権三郎）弐番隊小頭	瀬尾与一郎、子29才、松平越前守藩中、父瀬尾権八死、兄同卯之平、同藩福井住ス	（権三郎）4番組小頭・槍術世話心得、越前国、30才、松平越前守御藩瀬尾権八子	○
○山本荘馬	関口七郎、子35才、加賀中納言元家来、有故浪人、加州石川郡金沢森元町住居、父関口蔀死、伜三郎、森元町住居	○山本荘馬、加賀国、36才、元加賀中納言家来斧人子	○
	（脱漏）		
（徳司）弐番隊小頭	関口主水、子45才、美濃部馬之丞知行所、武州賀美郡大御堂村住居、元武田家臣、父仙五郎死、伜泰助、次男仙太郎	（徳司）4番組小頭・剣術世話心得、武蔵国賀美郡大御登村、46才、百姓仙五郎伜	○

姓　名	宮地番号	生国	郡・藩等	村	年齢	身分	上京	文久3年9月12日
関根一作	65	武蔵	賀美郡	長浜町	20	百姓		○黒井卓一郎
関根和三郎	79	武蔵	賀美郡住		21	郷士		○渡辺平作
曽根半右衛門	194	甲斐	山梨郡	小佐手村		百姓		○水野倭一郎
園(薗)田幸助	141	上野(武蔵住)	邑楽郡(江戸住)	館林	20	浪人		○須永宗治
薗部為次郎	99	上野	群馬郡(邑楽郡住とも)	前橋(飯林村住とも)	22	百姓	○	○分部再輔
高尾文助	169	甲斐	都留郡	小沼村	33	百姓	○	○大津彦太郎
高木泰運	128	上野	新田郡	市野井村	28		○	
高木平右衛門	129	上野	新田郡	市野井村	45		○	
高瀬忠三郎	94	上野	勢多郡	草木村	31		○	
高田佐仲司	追加							
高田徳三郎	142	上野	緑野郡	神田村	40	浪人		御暇
高橋市三(市蔵)	134	上野(武蔵住とも)	新田郡(秩父郡とも)	久々宇村(薄田村とも)	45	百姓	○	御暇
高橋菊之丞(菊之允)	43	武蔵	横見郡	柚沢村	22		○	
高橋丈之輔(丈之助)	95	上野	勢多郡	赤城山宮沢	31	社人	○	○渡辺平作
高橋清吾	301	越後(武蔵住)	村上(江戸住)	(赤坂築地住)		浪人		御暇
高橋常太郎(常吉郎)	102	上野	群馬郡	渋川村	41	百姓	○	御暇
高橋亘	120	上野	佐位郡	木島村	32	百姓	○	○柏尾右馬輔
滝川熊之丞(熊之進)	48	武蔵	男衾郡	本田村	21	百姓	○	○須永宗治

元治元年11月頃	元治2年3月改	慶応元年10月	庄内入
	関根一作（年齢未記載）、元甲府家来、有故浪人、当時武蔵国賀美郡長浜町、伊奈半左衛門知行（支配）所、父関根文吉、倅無之、同所住居	○黒井卓一郎、武蔵国賀美郡伊奈半左衛門支配所、22才、百姓久吉子	○
○渡辺平作	関根和三郎（年齢未記載）、武州賀美郡、小普請八ツ木但馬守支配鈴木頼母知行所、父関根由蔵、郷士	○渡辺平作、武蔵国、23才、（系譜未記載）	○
○水野倭一郎	曽根半右衛門、子37才、甲府勤番頭太田筑前守御預地、甲州山梨郡小佐手村百姓、父良蔵死、倅伊助		
（薗田）○須永宗司	薗田幸助、子21才、元秋元但馬守家来、有故浪人、江府住居、父高柳清吉、秋元但馬守家来	○椿佐一郎、（生国未記載）、22才、元秋元但馬守家来高柳清幸子	○
○清水恵造	薗部為次郎、子23才、松平大和守領分、上野国群馬郡前橋住居、父西田平兵衛、医師	○清水恵造、上野国邑楽郡飯林村住、24才、百姓次男	脱走
○富田忠左衛門	高尾文助、子34才、甲州都留郡小沼村、御代官増田安兵衛御預所百姓、父庄左衛門死、倅無之	○富田右覚、甲斐国都留郡小沼村、35才、（百姓）庄右衛門子	○
○庄野伊左衛門	高田徳三郎、子46才、元伊藤九郎左衛門家来、有故浪人、浅井知光院地面住居、父高田太右衛門、倅銭一郎	○粟田口辰五郎、上野国緑埜郡神田村、42才、百姓太右衛門子	○
（市蔵）○石原伊之助	（脱漏）	（市蔵）○石原伊之助、次席、武蔵国秩父郡薄田村、47才、（百姓）長次郎子	○
（丈之助）○渡辺平作	高橋丈之助、子32才、松平大和守御預所、上野国勢多郡赤城山宮沢、代々神祇道家、父高橋和泉正、倅発之進	（丈之助）○渡辺平作、上野国、33才、（系譜未記載）	○
○関口徳司	高橋清吾、子25才、元内藤紀伊守家来、有故浪人、赤坂築地筧助右衛門家来角南柳司方同居、父高橋有作、紀伊守家来、倅無之	○関口徳司、越後国、26才、内藤紀伊守元家来高橋勇作子	○
	×高橋常吉郎、子47才、上野国群馬郡渋川村、小笠原三之丞知行所百姓、父善右衛門死、倅忠三郎、同所住居		
○満岡元司	高橋亘、子32才、上野国佐信郡木島村、寄合久永源兵衛知行所百姓、父高橋日折、倅録、同所住居	○伊藤滝太郎、上野国佐波郡木崎（ママ）村、34才、百姓日折子	脱走
（熊之進）○須永宗司	（脱漏）	（熊之進）○椿佐一郎、武蔵国本田村、23才、百姓吉五郎子	○

姓　名	宮地番号	生国	郡・藩等	村	年齢	身分	上京	文久3年9月12日
田口徳次郎	35	武蔵	比企郡	大塚村住	33	浪人	○	○飯塚謙輔
竹井嘉助	195	甲斐						
武井永之進	追加							
武井三郎	88	上野	碓氷郡	安中	38	浪人	○	
武井十郎(重郎)	107	上野	那波郡	田中村	33		○	
武田彦一郎(弘)	110	上野	佐位郡	伊勢崎	32	浪人	○	(弘) 世話役→小頭
武田本記	111	上野	佐位郡	伊勢崎	38	浪人	○	
田島幾弥	225	常陸						
田島陸奥	84	上野	碓氷郡	原市村	25		○	
橘正作(正司)	247	信濃	埴科郡	松代	20	浪人		(正司) ○山本左右馬
橘(立花)常一郎	132	上野(信濃とも)	新田郡	本町村(中村とも)	22	百姓	○	○須永宗治
田中九十九	303	越後	蒲原郡	新発田町		医師		○井上半二郎
田中範也	330	摂津	麻田		36	浪人	○	
田辺富之輔(富之助)	144	甲斐	山梨郡	(下) 於曽村	31	百姓	○	○仁科五郎
谷右京	329	丹波(武蔵住)	柏原(江戸住)	(日暮里村住)	58	浪人	○	世話役→小頭過人(防禦之術鍛錬)
玉城織兵衛(織衛)	363	豊後(武蔵住)	岡(江戸住)	(芝二葉町住)	45	浪人	○	世話役→小頭・剣術教授方
田村貞次郎	226	常陸						
千野宇之助(卯之助)	36	武蔵	比企郡	下小川村	48	百姓	○	○分部再輔
千野栄太郎	161	甲斐	巨摩郡	西井出村	25		○	
千葉貫一郎	追加							
千葉静馬	258	信濃(武蔵住)	(川越在)	(福岡村住)		浪人		御暇
千葉新六郎(忠助)	21	武蔵	入間郡	川越		浪人		

元治元年11月頃	元治2年3月改	慶応元年10月	庄内入
	×田口徳次郎、子34才、金田貞之助知行所、武州比企郡大塚村住居（浪人）、父田口次郎兵衛、伜弥太郎、同所住居		
	×武田弘、子33才、元上州酒井下野守藩、有故浪人、父栗原悉兵衛死		
（立花）○須永宗司	（脱漏）	（立花常一郎）○椿佐一郎、信濃国中村、24才、百姓亀治郎子	○
	×田中九十九、子24才、溝口主膳正領分、越後（国）蒲原郡新発田町、医師、田中了安、父死、同所住居		
	×田辺富之助、子32才、田安殿領知、甲斐国山梨郡下於曽村、父死ス、兄百姓七兵衛、同所住居		
	×谷左京、子64才、織田山城守元家来、有故浪人、当時日暮里村住居、父生駒彦左衛門死、織田山城守家来、伜谷広之助		
（織衛）三番隊五番肝煎	玉城織衛、子46才、中川修理太夫元家来、有故浪人、当時芝二葉町住居、父大橋藤左衛門死、中川修理家来、養子玉城虎之助	（織衛）5番組肝煎・剣術教授方、豊後国、47才、中川修理大夫家老中川平右衛門家来、代々頭役勤大橋藤左衛門子	○
○清水恵造	千野宇之助、子49才、武蔵国比企郡小川村、松平大和守領分百姓、父千野惣八死去、伜同苗忠三郎、同所住居	（卯之助）○清水恵造、武蔵国比企郡小川村代々住、50才、元信濃諏訪浪人、先祖より3代目迄郷士、4代目より代々百姓、惣八子	○
	千葉静馬、子47才、元松平大和守家来、有故浪人、川越領福岡村住居、父千葉忠二死、松平大和守家来、伜千葉健次郎、一橋殿御内櫛淵太左衛門方え同居		
○石原伊之助	（脱漏）		

姓　名	宮地番号	生国	郡・藩等	村	年齢	身分	上京	文久3年9月12日
千葉精次郎	227	常陸						
千葉弥一郎	追加					庄内藩士（兄から相続）		
千葉雄太郎	追加					庄内藩士（父から相続）		
塚田源三郎	51	武蔵	幡羅郡	蓮沼村	28		○	
塚原正之助	302	越後	三日市		27	浪人		○仁科五郎
辻隆介	146	甲斐	山梨郡	国府村	29		○	
津田左司馬	308	加賀	金沢			浪人		
津田素人	307	加賀	金沢			浪人		
土屋竹三（竹蔵）	6	武蔵	埼玉郡	忍	29	浪人	○	御暇
常見一郎	13	武蔵	埼玉郡	安養子村	43	百姓	○	世話役→小頭
角田小兵衛	93	上野	勢多郡	佃村	36		○	
角田五郎	158	甲斐	八代郡	白井村	31		○	
椿佐一郎	276	下総	香取郡	植房村	30	百姓	○	小頭役・仮小頭→○大津彦太郎
手塚要人	152	甲斐	山梨郡	七日市村（七日町）	34	浪人		○草野剛三、槍術教授方
寺田忠左衛門（忠次）	277	下総	香取郡	神崎村	34		○	
出羽栄助	196	甲斐	巨摩郡	東井出村		百姓		御暇
遠山佐源太（貫）	追加							
鴇田乾（庫之助・鹿之助）	74	武蔵	江戸	本所五ツ目住	22	浪人		○柏尾右馬輔
徳永大和	47	武蔵	大里郡	高本村	41		○	

元治元年11月頃	元治2年3月改	慶応元年10月	庄内入
			○兄雄太郎
		○石原伊之助、亡父新六郎生国武蔵国、(年齢未記載)、(川越藩)松平大和守元家来千葉忠助子	切腹、弟弥一郎庄内入、新六郎の別名忠助
○飯塚謙輔	塚原正之助、子28才、元柳沢彰太郎家来、有故浪人、兄岩手松太郎、彰太郎家来、父塚原安次郎死、伜無之	○飯塚謙輔、槍術世話心得、越前(ママ)国、29才、柳沢新太郎家来住屋金五郎伜	脱走
	×常見一郎、子44才、武州埼玉郡、大森金五郎知行所、安養寺村百姓、父新助、伜清吉、同所住居		
○須永宗司	椿佐一郎、子31才、下総国香取郡植房村、井上筑後守領分百姓、父佐七、伜景太郎、同所住居	1番組小頭、下総国香取郡植房村、32才、百姓佐七次男	○
弐番隊小頭	手塚要人、子30才、元甲州浪人、同国御代官前田勘四郎支配所、山梨郡七ヶ市場村住居、父手塚藤兵衛、伜無之	3番組小頭、槍術教授方、甲斐国山梨郡七日町、36才、武田浪人、村長手塚右(藤)兵衛子	○
	×出羽栄助、子38才、甲府御代官福田所左衛門支配所、甲州巨摩郡東井出(村)百姓、父栄助死、伜無之		
		○喜瀬虎蔵、(生国等未記載)	○入牢
(庫之助)○庄野伊左衛門	鴇田乾、子23才、元永井肥前守家来、有故浪人、江府住居、父生田健次郎死、永井肥前守家来、伜無之	(鹿之助)○粟田口辰五郎、武蔵国江戸本所五ツ目住、24才、浪人鴇田蔵太子	脱走

姓　名	宮地番号	生国	郡・藩等	村	年齢	身分	上京	文久3年9月12日
戸谷浦次郎	55	武蔵	児玉郡	本庄宿	26		○	
鳥羽田次郎左衛門	207	常陸	茨城郡	鳥羽田村	53	百姓		
富田忠左衛門	288	陸奥	伊具郡(仙台)	角田村住	33	浪人		○山口三郎、槍術教授方
内藤七之輔(七之助)	163	甲斐	巨摩郡	若神子村	26	百姓		○井上半二郎
内藤矢三郎	145	甲斐	山梨郡	(下)於曽村	29	浪人	○	○中村又太郎
中追太輔(太助)	311	越前(加賀とも)	福井	(上蔵掛中追田村)	40	浪人(百姓とも)	○	御暇
長岡伊三郎	298	出羽	松山			浪人		○草野剛三
中川一	312	越前(武蔵住)	福井(江戸住)	(京橋松川町住)	31	浪人	○	世話役→小頭
長沢千松	91	上野	勢多郡	神戸村	17	百姓	○	○鯉淵太郎
中沢造酒之丞	334	播磨	姫路			浪人		
中沢龍三(龍蔵)	164	甲斐	巨摩郡	小笠原村	25	百姓		
中沢良之助(良之輔)諱貞祇(ただまさ)	89	上野	利根郡	穴原村	27	百姓	○	
永島玄岱	181	甲斐	都留郡	(上)新倉村		医師		
中島政之進	85	上野	碓氷郡	原市村	26		○	
中島田宮(四郎左衛門・四郎右衛門)	385	武蔵				浪人		○西恭輔
長島吉郎	271	下野	塩谷郡	柏崎村	23		○	
長島伝次郎	261	下野	安蘇郡	閑馬村	24		○	
長谷謙三郎	230	常陸						
中村喜之助	追加							○中村又太郎
中村錦三郎	278	下総	葛飾郡	関宿	30	浪人		小頭役・仮小頭→○吉田庄輔

元治元年11月頃	元治2年3月改	慶応元年10月	庄内入
弐番隊小頭	富田忠左衛門、子34才、仙台藩伊具郡角田住居、父富田石覚	(右覚) 4番組小頭、陸奥幾ノ郡角田住、35才、富田石覚二男有故浪人子	○
(七之助) ○関口徳司	内藤七之助、子27才、甲府御代官加藤与七郎支配所、甲州巨摩郡若神子村百姓、父所右衛門	(七之助) ○関口徳司、甲斐国巨摩郡若神子村住、28才、(百姓) 内藤品 (所) 右衛門子	○
	×内藤矢三郎、子56才、田安殿領知、甲斐国山梨郡下於曽村、武田浪人、嫡子内藤護郎右衛門、二男内山四郎、同所住居		
(太助) ○小山億一郎	中追太助、子41才、加賀国上蔵掛中追田村、加賀中納言殿領分百姓、父仁右衛門死、同所住居、伜金三郎、江戸下谷山崎町住居	(太助) ○小山億一郎、加賀国上倉掛組中追田村42才、百姓仁右衛門子	○
三番隊六番肝煎	中川一、子45才、元松平越前守家来、有故浪人、当時 (江戸) 京橋松川町住居、父中川清閑死、越前守家来、伜鉄二郎	6番組肝煎、越前国、33才、元松平越前守家来中川清閑子	○
○満岡元司	長沢千松、子18才、同 (上野) 国同 (勢多) 郡神戸村、御代官小笠原甫三郎支配所百姓、父小松、伜無之、同所住居	○伊藤滝太郎、上野国勢多郡神戸村、19才、(百姓) 小松子	○
(龍蔵) ○稲田隼之助	中沢龍蔵、子26才、甲州巨摩郡・甲府御代官所加藤与七郎支配所、小笠原村百姓、父与野右衛門死	(竜蔵) ○稲田隼之助、甲斐国巨摩郡小笠原村、27才、百姓 (与) 野右衛門二男	○
壱番隊小頭	中沢良之輔、子28才、御代官伊奈半左衛門支配所、上州利根郡穴原村 (百姓)、代々村役勤来り、当時組頭、父孫右衛門、伜栄太郎、同所住居	1番組小頭・剣術世話心得、上野国完原村、29才、百姓孫右衛門子	○
	×永島玄岱、子37才、甲州都留郡上新倉村、御代官増田安兵衛支配所、医師、父永島安龍、伜友輔、同所住居		
(四郎左衛門) ○加藤為右衛門	(脱漏)	(四郎右衛門) ○喜瀬虎蔵、武蔵国、41才、松平伊豆守元家来中島周平子	脱走
壱番隊小頭	中村錦三郎、子31才、元久世大和守家来、有故浪人、父中村貞蔵死、弟中村与四郎、大和守家来、伜無之	1番組小頭、(生国未記載)、32才、久世大和守家来中村貞蔵子	○

姓　名	宮地番号	生国	郡・藩等	村	年齢	身分	上京	文久3年9月12日
中村健司	追加	甲斐		（富士山）		社人		
中村健次郎	追加							
中村左京	178	甲斐	都留郡	川口村	39			○分部再輔
中村定右衛門	52	武蔵	幡羅郡	新堀村	33	百姓	○	○山田官司、剣術教授方
中村太吉	61	武蔵	多摩郡	日野村	34		○	
中村常右衛門	197	甲斐（武蔵とも）	山梨郡（幡羅郡とも）	横吹村（猶新堀村とも）	33	百姓		○大内志津馬
中村八郎左衛門	追加							
中村又太郎	352	武蔵（筑後とも）	（久留米とも）		25	浪人	○	世話役→小頭
中村安太郎	追加							
中村弥平太郎	259	信濃						
中村龍蔵	追加							○森土鉞四郎
長屋（長谷）源平（玄平・玄蔵）	18	武蔵	入間郡	川越	29	浪人	○	○吉岡卓雄
中山武助	149	甲斐	山梨郡	勝沼宿	35	百姓		○吉岡卓雄
名久井三蔵	283	陸奥	盛岡		34	浪人		
南雲平馬	103	上野	群馬郡	沼田村	27		○	
成田昇平	追加							
成竹（成沢）新兵衛	198	駿河（甲斐とも）	志多郡	稲葉村		百姓		御暇
贄田少吉（省吾）	139	上野	邑楽郡	館林	32	浪人	○	
西恭輔（恭蔵）	294	陸奥	宇田郡	（中村とも）	21	浪人	○	世話役→小頭

元治元年11月頃	元治2年3月改	慶応元年10月	庄内入
三番隊小頭	（脱漏）	6番組小頭、甲斐国、41才、養父中村備前、富士山師職	隠居、倅健次郎庄内入
			○父健司
	×中村定右衛門、子34才、小普請組松浦弾正支配桜井庄五郎知行所、武州幡羅郡新堀（村）、父中村伊右衛門、倅信三郎、同所住居、		
	×中村常右衛門（年齢未記載）、前同断（甲州山梨郡）横吹村百姓、父所右衛門、（慶応元年）丑12月26日訳柄有之、切腹	○天野静一郎、武蔵国幡羅郡猶新堀村、35才、代々御役人、中村伊（ママ）右衛門子	切腹、倅安太郎庄内入
壱番隊小頭	中村又太郎、子26才、元有馬玄蕃頭家来、浪人、父中村玄仙、井上源三郎（ママ）内植松祐右衛門同居	1番組小頭・剣術世話心得、武蔵国、27才、有馬中務太輔元家来中村主（ママ）仙子	○
			○父常右衛門
（長屋源平）○飯塚謙輔			
○天野清一郎	中山武助、子36才、甲州石和御代官内海多次郎支配所、同国山梨郡勝沼宿百姓、父伊兵衛死、倅幸太郎	○天野静一郎、甲斐国勝沼宿、37才、百姓伊兵衛子	○
	×名久井三蔵、子35才、元南部美濃守家来、倅無之	○山本武右衛門・次席、陸奥国、36才、南部美濃守元家来名久井多蔵子	○
	×成沢新兵衛、子29才、太田摂津守領分、駿河国志多郡稲葉村百姓、父千蔵死、倅無之		
	×西恭助、子22才、元相馬大膳亮家来、（陸奥国）宇田郡住居、父仁左衛門		

姓　名	宮地番号	生国	郡・藩等	村	年齢	身分	上京	文久3年9月12日
西東蔵(東三)	386	上野	新田郡	本町村		浪人		○金子正玄
仁科五郎	73	武蔵	江戸		29	浪人	○	世話役→小頭
西野宗右衛門	387							○村上常右衛門
根岸友山	45	武蔵	大里	甲山	55	百姓	○	小頭役・仮小頭→○萩谷弥太郎
野村克衛	228	常陸						
野村伝右衛門	125	上野	新田郡	邑田村	48		○	
羽賀忠次(忠治・軍太郎)	140	上野	邑楽郡	館林	22	浪人	○	御暇
羽賀巳之松	追加							
萩野良蔵(荻野)(良造)	53	武蔵	幡羅郡	太田村	25	百姓		○水野倭一郎
萩谷弥太郎	237	常陸		(藩士町住)	25	浪人		世話役→小頭
萩原虎松(辰之助・銀太郎)	229	武蔵(常陸)	江戸	小石川中富坂住		浪人		○渡辺平作
橋場岩太郎	135	上野	新田郡		33		○	
長谷川勝七郎	201	常陸	行方郡	芹沢村	38	百姓		
馬場熊蔵	388	武蔵住	江戸住	京橋金六町住		浪人		○草野剛三
馬場兵助	62	武蔵(同住)	多摩郡(江戸住)	日野宿(市ケ谷加賀屋敷住)	23	百姓	○	○玉城織兵衛
浜野左一(佐市)	126	上野	新田郡	邑田村	38		○	
早川太郎(文太郎)	168	甲斐	都留郡	上暮地村	28	百姓	○	○分部再輔

元治元年11月頃	元治2年3月改	慶応元年10月	庄内入
○若林宗兵衛	×西東三、子23才、上野国新田郡岩松満次郎元家来、父善次郎死、同国同郡本町邑、岡田盟同居		
弐番隊三番肝煎	仁科五郎、子30才、元曲淵安芸守家来、有故浪人、大島大学方ニ住居、父仁科理右衛門、曲淵安芸守家来、伜次郎、祖父理右衛門方ニ住居	3番組肝煎、武蔵国、31才、曲淵安芸守家来仁科理右衛門子	○
	×根岸友山、子56才、筒井武左衛門知行所（百姓）、武州大里郡甲山村ニ住居、父根岸栄次郎死、伜伴七死	文久3年9月「病気ニ付永暇」（中村家文書364）	
○萩谷弥太郎	羽賀忠治（下ケ札）「改名か」、子23才、元上州館林秋元但馬守家来、有故浪人、父同家臣羽賀柳八死、母1人、同所住居	（軍太郎）○萩谷弥太郎、（生国未記載）、24才、（館林藩）秋元但馬守家来羽賀柳太郎二男	切腹、弟巳之松庄内入
			○兄忠治
（荻野良造）○水野倭一郎	（脱漏）	（荻野良造）○粟田口辰五郎、武蔵国幡羅郡太田村、27才、百姓野口勘兵衛子	○
三番隊小頭	萩谷弥太郎、子25才、水戸殿元家来、有故浪人、父萩谷巳之松死ス、兄同巳之松、水戸殿藩士町住居	6番組小頭、常陸国、27才、水戸殿御鷹匠萩野（谷）巳之松次男	○
（辰之助）○渡辺平作	×萩原虎松、子21才、元田安殿家来、有故浪人、（江戸）小石川中富坂住居、父萩原勇左衛門、田安殿家来、伜無之	（萩原銀太郎）○渡辺平作、亡父辰之助、生国武蔵国、（年齢未記載）、田安殿家来由右（勇左）衛門子	○
○中村錦三郎	馬場熊蔵、子33才、元御使番中根宇右衛門家来、有故浪人、（江戸）京橋金六町住居、父馬場昇輔死、宇右衛門家来、伜慶三郎、金六町住居		
○中村健司	馬場兵助、子26才、江川太郎左衛門支配所、武州多摩郡日野宿百姓、当時市ケ谷加賀屋敷近藤勇吉（ママ）方同居	○水野倭一郎、武蔵国多摩郡日野宿、25才、百姓市兵衛子	○
○清水恵造	×早川文太郎、子29才、武田家五代孫井沢五郎信光子早川八郎信平末孫、御代官増田安兵衛御預所、甲州都留郡上暮地村百姓、父伝兵衛、伜無之、同所え住居	○清水恵造、甲斐国（都留郡）上暮地村、（年齢未記載）、百姓伝兵衛子	○

姓　名	宮地番号	生国	郡・藩等	村	年齢	身分	上京	文久3年9月12日
林　翰次郎	349	土佐	高知			浪人（町人・医師とも）		○萩谷弥太郎
林　要	追加							
林　源造	317	伊豆				浪人		
速見源二郎（蓮見源次郎）	15	武蔵	埼玉郡	戸ヶ崎村	33		○	
原田儀輔（儀助）	320	三河	渥美郡	吉田（村上村・松山村とも）	24	百姓	○	○瀬尾与一郎
日向喜四郎	231	常陸（上総住）	（望陀郡住）	（請西住）		浪人		御暇
平枝栄兵衛	180	甲斐	都留郡	鹿留村	21			
平次骨重郎	232	常陸						
広田孝（光）三郎	106	上野	山田郡	市場村	31		○	
深町矢柄	114	上野	佐位郡	伊与久村	33	百姓	○	○金子正玄
福永正三（正蔵）	25	武蔵	高麗郡	赤工村	40		○	
藤井健助	80	武蔵	江戸		51	幕臣		○西恭輔
藤井弘司	追加							
藤林鬼一郎	260	信濃（武蔵住）	（江戸住）			浪人		○金子正玄
藤本広輔（広助）	265	下野	足利郡	小俣村	28	百姓	○	○柏尾右馬輔
藤本昇	355	肥前	長崎		45		○	
古渡喜一郎	203	常陸	新治郡	宍倉村	21	浪人	○	○吉田庄輔
古川軍三	75	武蔵	江戸		44	浪人		
古屋常三（常三郎・常吉）	150	甲斐	山梨郡	別田村	30	百姓		○分部宗右衛門
辺見（逸見）米三郎	328	山城	葛野郡	東桂村（洛西）		郷士	○	小頭役・仮小頭→○鯉淵太郎
細田市三（市蔵）	23	武蔵	入間郡	黒須村	35		○	
堀内大輔	58	武蔵	秩父郡	野上村	38		○	

元治元年11月頃	元治2年3月改	慶応元年10月	庄内入
○瀬尾権三郎	林翰次郎、子24才、松平土佐守領分町人、土佐国高知、医師、父林俊平死		
(儀助) ○瀬尾権三郎	原田儀助、子24才、松平伊豆守領分、上州(ママ)吉田松山村百姓、父久次郎死、伜無之	(儀助) ○瀬尾権三郎、三河国渥美郡村上村、26才、百姓久治郎子	○
	×日向喜四郎、子30才、元林肥後守家来、有故浪人、上総国望陀郡請西住居、父日向三平死、肥後守家来、伜善吉請西住居		
○若林宗兵衛	(脱漏)	○大島学、上野国佐位郡伊与久村、35才、百姓甚右衛門子	○
○山本荘馬	藤井健助、子52才、御目付支配御小人頭高橋捨次郎組御小人、父藤井三右衛門死、跡同人孫藤井太郎吉、御小人相勤	○山本荘馬、武蔵国、53才、目付支配御小人藤井三左(右?)衛門子	○
		○中村又太郎、(生国等未記載)	脱走
	×藤林鬼一郎、子24才、上杉弾正大弼家来、有故浪人、江府住居、父藤林助左衛門死、上杉弾正大弼家来		
	×藤本広助、子29才、下野国足利郡小俣村百姓、戸田長門守領分、父所左衛門死		
○中村錦三郎	古渡喜一郎、子22才、元水戸筧助太夫家来、有故浪人、父利三郎、伜民之助、常州新治郡宍倉村、同所住居	○中村錦三郎、常陸国、23才、水戸殿家来古渡利兵衛子	○
○大熊領兵衛	(脱漏)	○大熊領兵衛、武蔵国、46才、元日光宮家来宝月清之助子	○
(常三郎) ○天野清一郎	古屋常吉、子32才、御代官塩田安兵衛支配所、甲州山梨郡別田村住居百姓、父治左衛門、伜豊次郎、同所住居	(常三郎) ○天野静一郎、甲斐国山梨郡別田村、32才、百姓治左衛門子	○
	×逸見米三郎、子36才、桂宮御所御領地、山城国葛野郡東桂村郷士、逸見苗裔、父平岡平八郎、伜無之		

姓　名	宮地番号	生国	郡・藩等	村	年齢	身分	上京	文久3年9月12日
堀越金吉	389							○加藤為右衛門
本田（本多）新八郎	358	肥後（武蔵住）	熊本（埼玉郡住）	（戸ケ崎村住）	35	浪人	○	○飯塚謙輔
本多平之進	390					浪人		○西恭輔
前川太三郎	96	上野	勢多郡	荻原村	41		○	
前木六三郎	233	常陸				藩士		
真下左京	86	上野	碓氷郡	原市村	22		○	
間瀬（瀬間）清之助	104	上野	群馬郡	新田村	41		○	
町田政次郎（政治郎）	133	上野	新田郡	本町村	29	百姓	○	○山田官司
松沢良作	37	武蔵	比企郡	下里村	42		○	
松本為三郎	29	武蔵	比企郡	上横田村	22		○	
三上七郎	391	武蔵	新座郡	引千町		百姓		○加藤為右衛門
操正司	追加	信濃（武蔵住）	（江戸住）	（麻布六本木住）		浪人		
水野倭一郎	38	武蔵	比企郡	志賀村	44	百姓	○	世話役→小頭
三井幸吉	234	常陸						
満岡元司	354	肥前（武蔵住）	佐賀（新田郡住）	（本町村住）	44	浪人		○森土鉞四郎
三橋半六	241	常陸			20	藩士		
三村伊賀右衛門	204	常陸（武蔵住）	茨城郡（江戸住）	笠間（京橋弓町住）	42	浪人	○	世話役→小頭
三宅捨五郎	339	備前（武蔵住）	（江戸住）		32	浪人		○分部再輔
三好宗兵衛	追加							○武田彦一郎
村井金吾	392							○西恭輔
村上常右衛門	269	下野	都賀郡	下福良村	35	浪人	○	世話役→小頭・剣術教授方

元治元年11月頃	元治2年3月改	慶応元年10月	庄内入
	×本多新八郎、子36才、細川越中守家来、有故浪人、武州埼玉郡戸ヶ崎村住居、父次郎八死、伜無之		
	×本多平之進、子39才、大久保佐渡守家来、有故浪人、父本多其右衛門、伜無之		
○中沢良之助	(脱漏)	(政治郎) ○中沢良之助、上野国本町村、31才、百姓角太郎子	○
	×三上七郎、子24才、松平右京亮領分、武州新座郡引千町百姓、父平三郎、同所住、		
○山本荘馬	操正司、子19才、元堀長門守家来、有故浪人、(江戸) 麻布六本木大久保加賀守中屋敷住居、父片井源助、伜無之	○山本荘馬、信濃国、22才、元真田信濃守家来多右衛門子	○
三番隊小頭	水野倭一郎、子45才、武蔵国比企郡志賀村、松平大和守領分百姓、父水野清吾死、伜同喜一郎、同所住居	5番組小頭、武蔵国比企郡志賀村、46才、名主水野清松伜	○
三番隊小頭	満岡元司、子45才、元松平肥前守家来、有故浪人、上野国新田郡本町村、父満岡当平死、岡田盟同居	2番組小頭、肥前国、46才、元松平肥前守家来民平子	○
壱番隊小頭	三村伊賀右衛門、子44才、牧野越中守元家来、有故浪人、当時京橋弓町住居、父臼井差内、牧野越中守家来、伜三村将之助		
○手塚要人	三宅捨五郎、子23才、元永井肥前守家来、有故浪人、江府住居、父小川専右衛門、永井肥前守家来、伜無之	○手塚要人、備前国、34才、永井備前守家来三宅仙右衛門子	脱走
	×村上常右衛門、子36才、元甲府宰相綱重卿家来村上権三郎、有故浪人、私迄六代山下弥五郎知行所、野州都賀郡下福良村住居、父周庵、伜藤松同所住居		

姓　名	宮地番号	生国	郡・藩等	村	年齢	身分	上京	文久3年9月12日
村上俊五郎（政忠）	346	阿波	美馬郡	貞光村	33	浪人	○	
村田新作	39	武蔵	比企郡	原村	38		○	
村田新三（新蔵・新造）	340	備中	上房郡	上田村	35	百姓	○	○水野倭一郎
森土鉞四郎	159	甲斐	山梨郡（巨摩郡住）	遠光寺村（今福村住）	41	浪人	○	世話役→小頭・剣術教授方
森村東之助	108	上野	那波郡	連取村	25	百姓	○	○渡辺平作
矢島藤十郎	393	武蔵	賀美郡	阿保村		百姓		御暇
矢島武兵衛	追加	武蔵	賀美郡	阿保村		百姓		
安田平兵衛	追加	武蔵	入間郡	川越				
矢継右馬丞（右馬允・馬之允・勤助）	119	上野	佐位郡	間之谷村	46	浪人	○	○森土鉞四郎
藪田幾馬	7	武蔵	埼玉郡	忍	37		○	
山川竹三（竹蔵・竹造）	26	武蔵	高麗郡	赤工村	28	百姓	○	御暇
山川達三	27	武蔵	高麗郡	赤工村	32		○	
山岸金十郎	40	武蔵	比企郡	高谷村	28		○	
山口三郎	341	備後	御調郡	綾目村	30	郷士	○	世話役→小頭
山口昇兵衛	112	上野	佐位郡	伊勢崎（今泉村住）	32	浪人		○加藤為右衛門
山沢信重郎	追加							
山田一郎	282	陸奥	盛岡			浪人		

元治元年11月頃	元治2年3月改	慶応元年10月	庄内入
		【備考】天保2年生。諱政忠。佐久間象山死後、その妻（勝海舟妹）の夫。文久3年4月15日幕府に捕縛。維新後は山岡鉄舟から生活支援。鉄舟死後は放浪生活。明治34年6月21日没、享年71才。墓地は全生庵。	
新造○水野倭一郎	村田新蔵、子36才、板倉周防守領分、備中国上房郡上（田）村百姓、父利兵衛、二男、倅無之、同所住居	（新造）○水野倭一郎、備中国上房郡上（田）村、37才、百姓利兵衛倅	○
	×森土鉞四郎、子41才、甲斐国甲府御代官所安藤伝蔵支配所、山梨郡遠光寺村、武田浪人、父土橋為蔵死、土橋宗魯、同所住居、同国市川御代官所、巨摩郡今福村長百姓要太郎方同居、二男森土重之輔		
○渡辺平作	森郁（ママ）東之助、子26才、上州那波郡連藤（取）村、駒井山城守知行所百姓、父園右衛門、倅無之、同所住居		
	×矢島藻（ママ）十郎、子34才、鈴木頼母知行所、武州賀美郡阿保町百姓、父金太郎、倅無之、同所同居		
○飯塚謙輔	（脱漏）	○飯塚謙輔、武蔵国賀美郡阿保町、35才、百姓金太郎子	脱走
○稲田隼之助	（脱漏）	○稲田隼之助、武蔵国入間郡川越、45才、安田三平子	○
（矢継勤助）○手塚要人	矢継馬之允、子46才、元酒井下野守家来、有故浪人、上州佐信郡間ノ谷（村）、土岐下野守知行所、父矢木積兵死、倅藤吉、同所住居	（勤助）○手塚要人、上野国伊勢崎、48才、酒井下野守家来矢継禎之助子	脱走
（竹蔵）○過人	山川竹造、子29才、大岡兵庫頭領分、武蔵国高麗郡赤工村百姓、父文次郎		
壱番隊締役	山口三郎、子31才、松平安芸守領分、備後国御調郡綾目村之産、父六郎兵衛死ス	1・2番組持肝煎役、備後国御調郡後目村、32才、郷士常兵衛三男	○
○加藤為右衛門	山口昇兵衛、子32才、元酒井下野守家来、有故浪人、下野守領分、（上州）佐位郡今泉村住居、父山口藤兵衛死、下野守家来、倅無之	○喜瀬虎蔵、上野国、34才、酒井下野守元家来山口右（藤）兵衛子	○
○飯塚謙輔			

姓　名	宮地番号	生国	郡・藩等	村	年齢	身分	上京	文久3年9月12日
山田官司	280	安房	平郡	亀ヶ原村	39	百姓	○	世話役→小頭・剣術教授方
山田周三郎（貢・秀三郎）	199	甲斐	都留郡	黒野田村（名野川村）		百姓		○森土鉄四郎
山本仙之助	153	甲斐	八代郡	甲府（元柳町住）	35	修験	○	世話役→小頭
山本左右馬（荘馬）	336	播磨	林田		44	浪人	○	世話役→小頭・槍術教授方
山本武右衛門	76	武蔵	江戸	両国矢倉住	30	浪人		○黒井卓一郎
山本勇太郎	追加							
柚原鑑五郎	359	肥後（武蔵住）	熊本（江戸住）	（八丁堀日日比谷町住）	28	浪人	○	○三村伊賀右衛門
湯本半三（半蔵・逸造・逸平）	12	武蔵	埼玉郡	羽生村（町）	30	百姓	○	○分部宗右衛門
横森信之助	250	信濃	埴科郡	松代紺屋町住	32	浪人		○武田彦一郎
横山明泰（明平）	19	武蔵	入間郡	川越	33	浪人	○	（明平）○大内志津馬
吉岡俊三郎	追加	武蔵				浪人		
吉岡卓雄	81	武蔵	江戸（葛飾郡住）	（大輪村住）		浪人		世話役→小頭
吉岡谷三（谷蔵）	130	上野	新田郡	市野井村	30	百姓	○	○中村又太郎

元治元年11月頃	元治2年3月改	慶応元年10月	庄内入
弐番隊締役	山田官司、子40才、安房国平郡亀ケ原村、遠藤民部大輔領分（百姓）、父文右衛門死、母・妻子、同所住居	3番4番組持肝煎締役・剣術教授方、安房国平郡桑ケ村、41才、百姓千（文？）右衛門子	○
（貢）○稲田隼之助	山田秀三郎、子27才、甲州石和御代官内海多次郎支配所、同国都留郡黒野田宿百姓、父新助、倅無之	（貢）○稲田隼之助、甲斐国都留郡名野川村、28才、百姓新助二男	○
	×山本仙之助、子46才、甲府勤番頭太田筑前守支配所、元柳町住居、父修験清長院祐玄死、倅勇太郎、新徴組御差加ニ相成、須永宗司組合ニ罷在候		
（荘馬）壱番隊小頭	山本左右馬、子44才、建部内匠頭家来、播州林田浪人、父山本官治死、同料平、男子四人、同所住居	（荘馬）2番組小頭・槍術教授方、備前国、46才、元建部内匠頭家来鶴（官）司養子	○
壱番隊小頭	山本武右衛門、子30才、元松平駿河守家来、有故浪人、（江戸）両国矢倉井上譴之助方同居、父山本源左衛門、牧野越中守家来、倅山本実太郎、譴之助方同居	1番組小頭、江戸、32才、松平駿河守家来岩崎敬助子、有故浪人	○
	×山本勇太郎、子20才、甲府勤番頭太田筑前守支配所、同所元柳町修験清寿院厄介、父当時新徴組山本仙之助		
○三村伊賀右衛門	柚原鑑五郎、子29才、細川越中守元家来、有故浪人、当時（江戸）八丁堀日比谷町住居、父柚原伴十郎死、細川越中守家来、倅無之	○満岡元司、武蔵国、30才、細川越中守家来柚原伴十郎子	○
（逸造）○天野清一郎	湯本半蔵、子30才、大岡兵庫頭領分、武州埼玉郡羽生町場村百姓、父甚五郎死、倅無之、同所住居	（逸平）○天野静一郎、（武蔵国）埼玉郡羽生町、32才、湯本勘五郎子	○
○奥秋助司右衛門	横森信之助、子35才、元真田信濃守家来、有故浪人、信濃守（領分、信州埴科郡）松代紺屋町住居、父横森儀左衛門死、真田信濃守家来、倅無之	○奥秋助司右衛門、信濃国高村郡、34才、志田信濃守家来横森小（ママ）右衛門子	脱走
（明平）○大内志津馬	横山明平、子32才、元松平大和守家来、有故浪人、父横山勝右衛門死		
		○中村健司、亡父卓雄、生国武蔵国、（年齢未記載）、元本多主税家来理平子	脱走
	×吉岡卓雄（下ケ札・朱筆）「病死、倅俊三郎相続被仰付」、子36才、御使番本多主税元家来、有故、武州葛飾郡大輪村住居、父理平、倅隆之助		
（谷蔵）○中村又太郎	吉岡谷蔵、子31才、上州新田郡市野井村、本間徳太郎知行所百姓、父清兵衛、倅安太郎、同所住居	（谷蔵）○中村又太郎、上野国丁井（ママ）村、32才、百姓清兵衛子	○

姓　名	宮地番号	生国	郡・藩等	村	年齢	身分	上京	文久3年9月12日
吉沢徳之輔(徳之助)	143	上野	多胡郡	多比良村	31	幕臣	○	○吉田庄輔
吉田小八郎	291	陸奥	会津		25	藩士	○	
吉田五郎	313	越前	敦賀村		25	郷士	○	
吉田庄輔(庄助)	345	伊予(武蔵住)	新谷(江戸住)	(浅草屋敷住)	37	浪人	○	世話役→小頭
吉田主税	追加							
吉野唯五郎	41	武蔵	比企郡	羽尾村	28	百姓	○	○武田彦一郎
吉羽三郎	8	武蔵	埼玉郡	忍	32		○	
吉羽陽四郎	追加							
吉村魁一	360	肥後	熊本		29	浪人	○	
依田熊太郎(熊弥太)	148	甲斐	山梨郡	下井尻村	22		○	
楽岸寺左右馬(幸馬)	362	豊後(山城)	臼杵(京都)	(東洞院住)	26	藩士		○関口三十之輔
和賀六左衛門(立司)	285	陸奥	和賀	尾去沢住	31	浪人		○水野倭一郎
若林宗兵衛(惣兵衛)	156	甲斐	八代郡	藤井村	28	百姓	○	○山本仙之助
和木勇三	245	信濃	筑摩郡	木曽谷		浪人		
和田兗三(兗蔵)	20	武蔵	信濃(入間郡住)	更級郡(川越住)	42	浪人	○	
和田理一郎	299	出羽	最上		41	浪人	○	
渡辺金吾	202	常陸	行方郡	若海村	18	修験		
渡辺左衛介	242	常陸				藩士		
渡辺伝吉郎	394							○吉田庄輔
渡辺彦三郎	170	甲斐	都留郡	小沼村	22		○	御暇

元治元年11月頃	元治2年3月改	慶応元年10月	庄内入
(徳之助) ○中村錦三郎	吉沢徳之助、子32才、御府内大久保三十人組、神奈川奉行支配同心え出役、御先手同心、父中村武右衛門死、兄同熊太郎、同所住居	(徳之助) ○中村錦三郎、上野国多胡郡多比良村住、33才、(百姓)	○
(庄助) 三番隊締役	吉田庄助、子37才、伊予国新谷加藤大蔵少輔家来、父吉田幸右衛門死、伜無之、江戸浅草屋敷住居	(庄助) 5番6番組持肝煎締役、武蔵国、39才、加藤大蔵少輔家来幸右衛門子	○
	×吉野唯五郎、子30才、小普請組戸田民部支配加藤鯉喜之助知行所、武州比企郡羽尾村百姓、父助右衛門死、伜無之		
(幸馬) ○山本武右衛門	楽岸寺幸馬、子26才、豊後(国)臼杵藩、京都東洞院住居、父楽岸寺左衛門	(幸馬) ○山本武右衛門、豊後国臼杵、28才、稲葉右京亮家来楽岸寺左衛門二男	○
(立司) ○水野倭一郎	和賀六左衛門、子31才、元南部美濃守家来、有故浪人、奥州鹿角郡尾去沢住居、父青山金右衛門、美濃守家来、伜和賀慎三、金右衛門方同居	(立司) ○水野倭一郎、陸奥国和賀、33才、浪人和賀六郎兵衛伜	○
三番隊小頭		○中村健司、甲斐国八代郡藤井村、(年齢未記載)、百姓勘助子	○
	×和田亮蔵、子45才、松平大和守直基附和田所左衛門、有故浪人、私まで六代、真田信濃守領分、信州更科郡、父所左衛門、伜盛太郎松代住居		
○加藤為右衛門			
	×渡辺彦三郎、子22才、増田安兵衛支配所、甲州都留郡小沼村住居、父渡辺七郎右衛門、同所住居		

姓　名	宮地番号	生国	郡･藩等	村	年齢	身分	上京	文久3年9月12日
渡辺平作	174	甲斐	都留郡	下吉田村	26			世話役→小頭
渡辺平馬	175	甲斐	都留郡	下吉田村	43			
分部再輔	167	甲斐	都留郡	上暮地村	32	浪人	○	世話役→小頭
分部宗右衛門(惣右衛門)	166	甲斐	都留郡	上暮地村	39	浪人	○	世話役→小頭

元治元年11月頃	元治2年3月改	慶応元年10月	庄内入
弐番隊小頭	渡辺平作、子 27 才、御代官増田安兵衛御預所、甲州都留郡下吉田村住、父五郎右衛門、倅鉄太郎、父母・妻子皆同所住居、新羅三郎儀光十五代兵部少輔信忠之子弥九郎信□、其子常阿弥陀仏、宝徳三年子細ニ仍て居住、都留郡新倉村、姓改渡辺、四世九左衛門高雄、天文元季住下吉田村、十二代渡辺平作、今分家して数十家と成ル	4 番組小頭、甲斐国、28 才、(系譜未記載)	○
	×分部再輔、子 32 才、本性工藤、分部三郎左衛門尉藤原祐能十八代孫、宗右衛門尉藤原実広、天正年中有故、上暮地村ニ潜居ス、御代官増田安兵衛御預所、甲州都留郡上暮地村住人、父小万治、三男分家、倅無之、妻子家族、同所住居		
壱番隊壱番肝煎	分部宗右衛門、子（ママ）、右御代官増田安兵衛御預所、甲州都留郡上暮地村住人、父小万治、男子無之弟順養子、医師玄徴両親・妻子家族同所住居、本姓分部、三郎左衛門尉藤原祐能十八代、分部宗右衛門尉藤原実広、天正年中有故上暮地村ニ潜居、其子孫今拾六家ニ分、皆同村住ス	1 番組肝煎、甲斐国都留郡上暮地村住、42 才、(百姓) 常治子	○